NOUVEAU MUSÉUM LITTÉRAIRE.

Littérature nationale et étrangère.

MÉMOIRES

D'UN

VIEUX MÉNAGE PARISIEN.

PAR

R. HERBAUT.

IV

BRUXELLES,
A. BLUFF, LIBRAIRE-ÉDITEUR,
12, RUE DES PLANTES.

1855

MÉMOIRES

D'UN

VIEUX MÉNAGE PARISIEN.

NOUVEAU MUSÉUM LITTÉRAIRE.

Littérature nationale et étrangère.

MÉMOIRES

D'UN

VIEUX MÉNAGE PARISIEN

PAR

R. HERBAUT.

IV

BRUXELLES,

A. BLUFF, LIBRAIRE-ÉDITEUR,

12, RUE DES PLANTES.

1855

Brux. Imp. de A. Mahieu et Ce, Vieille-Halle-aux-Blés, 31.

XXII

LE REPENTIR D'UNE MÈRE.

Lorsque les quatre années de réflexion lais-
sées par l'ambitieuse Véronique à Auguste, et
après lesquelles celui-ci devait fixer définitivement le choix de sa carrière furent sur le point
d'être entièrement écoulées, il n'avait en aucune façon varié dans sa première résolution.
Pendant tout ce temps au contraire, il s'était ef-
forcé d'acquérir une habitude plus grande et
plus sérieuse des affaires commerciales; il avait
saisi avec empressement toutes les occasions
de se mettre en rapport direct avec la nom-
breuse clientèle du magasin de la *Bonne foi*, et
de s'en faire bien venir à force d'affabilité et de
manières engageantes, ce à quoi il était parvenu sans peine.

Aussi, un beau matin du dernier mois de ces
quatre années-là, à l'heure où le déjeuner réu-

1

nissait à la même table Auguste, Pierre et Véronique, cette dernière prit la parole en ces termes :

— Ah! ça, mon cher Auguste et mon cher Pierre, il serait temps, je crois, de remettre sur le tapis certain projet dont l'époque de réalisation est venue.

— Un projet! et lequel?

— Oublieux que vous êtes, faut-il que ce soit moi, qui y fus d'abord opposée, qui vous le remette en mémoire?

— Ah! bien, j'y suis, fit Pierre; ce projet-là, du reste, de temps à autre m'a toujours préoccupé; et, tiens, hier encore, il me revenait à l'esprit, et j'en parlais au commis voyageur de la maison Bertrand et Compagnie.

— Et moi, je n'y suis pas, dit Auguste. Que lui disais-tu donc, cher père, au susdit commis voyageur?

— Je lui disais qu'incessamment ce serait à toi, mon ami, qu'il aurait affaire.

— Comment cela?

— Oui, certes, reprit Véronique. Ne te souviens-tu pas qu'il y a quatre ans, il fut convenu entre nous que si, au bout de ce délai, tu persistais dans ton goût prononcé pour la carrière commerciale, nous nous retirerions et te céderions notre fonds, où tu l'installerais à notre place?

— Oui, je m'en souviens; mais...

— Quelle objection vas-tu faire? Je n'en admettrai pas, si ce n'est celle toutefois d'un changement subit dans tes anciennes et sages résolutions.

— Il en est cependant une autre que je crois pouvoir me permettre...

— Voyons cette autre?

— Il n'y a pas péril en la demeure : je suis fort heureux avec vous, et j'aime à croire que vous l'êtes avec moi. Pourquoi nous séparerions-nous? Pourquoi renonceriez-vous ainsi subitement, et à mon profit, à vos habitudes de trente ans?

— Mais d'abord, parce qu'à notre âge on commence à avoir besoin de se reposer.

— Et puis d'ailleurs, mon cher Auguste, nous ne nous séparerons pas pour cela, nous continuerons à habiter ensemble; nous nous mêlerons toujours un peu des affaires de la maison; seulement, au lieu que ce soit toi qui sois sous nos ordres et qui nous allège de travail, c'est nous qui te viendrons en aide et serons tes premiers commis, les rôles ne seront que légèrement intervertis.

— Quelle nécessité?

— Mais celle de te faire un avenir, de te créer une position qui te mette avant peu à même de contracter un bon mariage. J'ai en vue pour toi, mon enfant, une charmante personne qui me semble réunir en elle toutes les conditions de ton bonheur futur. Elle est riche d'abord...

— Oh! cela est peu important,

— Oui, j'en conviens; il faut avant tout qu'elle te plaise et que tu croies pouvoir l'aimer, ce dont j'ai l'espérance. Mais ses parents sont des gens positifs, et, pour que je te présente à eux, il est nécessaire que tu aies, outre ta valeur naturelle, une certaine valeur intrinsèque.

— Mais si je me marie, c'est alors qu'il faudra que nous nous quittions, que nous ne logions plus ensemble, et que vous n'ayez plus un rôle actif dans mon commerce.

— Nous prendrons un logement dans la maison voisine et nous te verrons tous les jours, et quant à ta dernière observation, mon fils, permets-moi de te dire qu'elle est d'un égoïsme extrême. Qu'est-ce que c'est que cet enfant-là, qui voudrait que ses parents restassent à jamais attachés à la glèbe, et que l'heure du repos ne sonnât point pour eux?...

— Oh! c'est que je prévois bien quel ennui,

dans les premiers temps, doit envahir ceux qui, comme vous, se sont fait une douce habitude d'une activité perpétuelle.

— Ta, ta. ta, tout ceci, ce sont de beaux raisonnements que trois mots réduisent à néant, et ces trois mots sont : *Il le faut!* n'est-ce pas Pierre?

— Oui, il le faut! et dans huit jours la chose sera exécutée; dans huit jours, la signature commerciale de la maison de la *Bonne foi* ne sera plus Pierre Moulin, mais Auguste Millot.

Ce nom de Millot venant clore cette discussion intime fit un singulier effet sur nos trois personnages ; leurs fronts se rembrunirent, et leurs sourires s'effacèrent tout à coup.

Auguste pensa à sa mère, dont il ignorait le destin et que peut-être il ne reverrait jamais.

Pierre pensa qu'Auguste était son fils, et qu'il ne portait pas son nom.

Véronique pensa à elle seule tout ce qu'ils pensaient à eux deux, et se chagrina doublement.

Mais ce fut un éclair, et bientôt la gaieté reparut sur les trois visages.

Les huit jours en question furent employés par Pierre à écrire officiellement à tous ceux qui avaient des rapports commerciaux avec lui, qu'à partir de tel jour, son établissement changerait de propriétaire et passerait aux mains d'Auguste. La nouvelle fut accueillie on ne peut plus favorablement, et aucune manifestation ne vint faire craindre que cette mutation portât un préjudice quelconque à la clientèle Moulin.

Le huitième jour arriva, et son arrivée donna lieu à une petite cérémonie dont l'idée fut de Véronique. Lorsque, à sept heures du matin, Auguste se leva et sortit de sa chambre, au seuil de la leur il trouva, l'attendant au passage, son père et sa mère adoptive. Ceux-ci le saluèrent avec une gaieté respectueuse et lui dirent :

— Patron, avez-vous bien passé la nuit ?

Puis ils lui présentèrent : l'une, le trousseau des clefs de la caisse et du comptoir élégamment enrubannées de faveurs roses, vertes et bleues, et posées sur un coussin de velours rouge : l'autre, le brouillard, le grand-livre et le copie de lettres, également enrubannés et reposant aussi sur un coussin.

La suite de la scène est bien facile à deviner : on s'étreignit et on s'embrassa.

Ce même jour, à quatre heures de l'après-midi, et comme Auguste se trouvait seul dans le magasin, le facteur arriva apportant une lettre.

— Pour M. Pierre Moulin, dit-il ; c'est quatre francs.

— Comment dites-vous, quatre francs? Diable! elle vient donc de bien loin cette lettre-là ?

— Mais, oui, de plus loin que Saint-Cloud.

— Et d'où donc?

— De New-York.

— De New-York! quoi! vraiment? Comment se fait-il? J'ignorais que notre maison eût jusque-là des correspondants.

— Dame! faut croire. La prenez-vous?

— Certainement.

Auguste paya et le facteur sortit. Resté seul de nouveau, Auguste décacheta la lettre, et tournant le premier feuillet, s'empressa de regarder d'abord la signature.

Il tressaillit ; il devint pâle ; il chancela et fut obligé de s'asseoir ; puis, essayant de se remettre :

— J'ai mal lu, se dit-il, c'est impossible !

Il regarda encore.

— Non, reprit-il, non, non, il y a bien Trinette Millot ; mais Trinette Millot, c'est ma mère; ce nom-là, c'est le mien, c'est le sien. Ma mère! Ah !

Il couvrit de baisers ces caractères chéris, et, à travers les larmes qui subitement lui montè-

aux yeux, il essaya de lire, et pendant qu'il était en train, Pierre et Véronique rentrèrent :

— Ah! la bonne promenade que nous venons de faire, patron, dit joyeusement Véronique.

Auguste ne répondit pas ; il continuait à dévorer la lettre ; mais de la main qu'il avait libre il fit à Pierre et à Véronique un geste, qui semblait implorer leur silence.

— Ah! mon Dieu! qu'est-ce donc, et quelle grave affaire vous préoccupe à ce point-là, patron?

— Voici venir déjà les soucis, les tracas. Ah! nous sommes bien heureux d'en être enfin libérés, n'est-ce pas, Véronique?

— Tais-toi, Pierre, tais-toi, répliqua celle-ci, en devenant tout à coup sérieuse : c'est grave sans doute, car vois donc, il paraît ému, agité. Ah! mon Dieu! mais il pleure.

En effet, Auguste était obligé d'interrompre sa lecture, tant son émotion était forte ; de chaudes larmes coulaient de ses yeux, des sanglots gonflaient sa poitrine.

— Ma mère! fit-il ; ma mère !

L'accent avec lequel il prononça ces mots jeta les deux époux Moulin dans un grand étonnement.

—Eh bien! me voilà, Auguste, dit Véronique,

qui crut que ces deux mots : *ma mère!* lui étaient adressés ; pourquoi m'appelles-tu? pourquoi pleures-tu en m'appelant? Parle donc, parle donc bien vite; tu nous mets, mon enfant, dans une inquiétude mortelle.

Alors Auguste se leva, vint à elle, et en l'embrassant et en la pressant sur son cœur, il lui dit :

— Oh! oui, toi aussi, tu es ma mère !

Ni Pierre, ni Véronique ne demandèrent à Auguste l'explication des paroles qu'il venait de prononcer. Le sens de cette phrase leur apparut tout à coup lumineux, et ils en demeurèrent pendant quelques instants immobiles de stupéfaction. Peu après, le premier mouvement intérieur de Véronique fut un élan de jalousie; l'émotion d'Auguste, ses pleurs, lui disaient que cette femme, cette Trinette Millot, qui n'était sa mère que parce qu'elle l'avait mis au monde, était aimée de lui autant qu'elle; elle qui l'avait élevé, protégé, sauvé de l'abandon de sa marâtre! Aussi s'arracha-t-elle des bras d'Auguste, et ses sourcils froncés et l'expression fugitive de sa physionomie traduisirent-ils pour Pierre ce qu'elle ressentait. Il le comprit et en fut honteux; mais bientôt Véronique eut bien plus honte encore d'avoir cédé à cette impression ;

elle se rasséréna ; elle vint prendre la main de Pierre et lui dire d'une voix angélique :

—Oh! non, non, j'ai eu tort...

Quant à Auguste, il avait repris et achevé cette fois la lecture de sa lettre.

— Elle t'était adressée, mon père, et je l'ai lue... Tu me pardonnes, n'est-ce pas? J'ai cru tout d'abord que c'était une lettre d'affaires ; je l'ai ouverte, et puis j'ai regardé la signature, et... alors, oh! alors, je n'ai pas pu y résister... Trinette Millot, mon père! Trinette Millot... c'est elle ; lis à ton tour, lis vite ; pauvre femme! pauvre mère!

Il tendit à Pierre la lettre, et celui-ci la prit et y jeta les yeux.

— Lis tout haut, je t'en prie, continua Auguste, que ma seconde mère sache ce qu'elle contient, et que moi je l'entende encore.

Pierre voulut bien obtempérer au désir formulé par son fils, et voici ce qu'il lut à haute voix :

« New-York, le .... 1842.

« Monsieur,

« C'est d'un lit de douleur que je vous écris
« cette lettre... En cette considération, lisez-la
« jusqu'au bout : ne la déchirez pas, ne la jetez

« point au feu, ce qu'elle mériterait pourtant,
« venant de moi. Il y a quatorze ans que je ne
« vous ai écrit pour m'informer de notre fils...
« Pardon, du vôtre... à vous et à cette géné-
« reuse femme qui s'est chargée d'aller cher-
« cher le pauvre enfant et de venir elle-même
« le remettre en vos bras (j'ai su cela peu après
« mon départ, par une lettre du maître de pen-
« sion). Vous deux seuls avez droit de l'appeler
« votre fils... moi, il y a longtemps que je n'en
« suis plus digne ! que dis-je, jamais je ne le fus.
« Dès qu'il vint au monde, j'eus hâte de l'éloi-
« gner de moi. Qui sait même, le contraire ne
« se trouvant pas servir mes intérêts ; qui sait
« si je ne l'eusse pas envoyé aux enfants trou-
« vés ! Jusqu'à cinq ans, je le laissai aux mains
« de sa nourrice, desquelles il passa sur-le-
« champ en celles d'un professeur, et je n'allais
« le voir que rarement et lorsque j'y étais forcée
« par mes calculs intéressés. Dès que ma ruse
« fut découverte, je ne fus préoccupée que d'une
« seule chose, ce fut de ne plus l'avoir à ma
« charge, et dans le but de prendre un amant
« qui m'emmenât loin de la France... Le jour
« de mon départ seulement je vous écrivis,
« m'inquiétant fort peu, marâtre que je suis, du
« résultat qu'aurait ma lettre... Car ne pou-

« vait-il arriver que vous ne crussiez pas à ce
« que je vous disais, que vous ne consentissiez
« pas à le recueillir, et alors que fût-il devenu,
« le pauvre enfant !… Vous le voyez, je me re-
« pens, et bien sincèrement… car je ne cherche
« pas à atténuer aucune de mes fautes. Je m'en
« accuse ; je les apprécie, je les trouve immenses,
« infâmes, et je suis d'avis que le ciel, qui m'en
« punit en ce moment, ne me les fait pas encore
« assez cruellement expier. Pourtant, j'espère
« par cette lettre un châtiment nouveau pour
« moi ; j'espère que je l'écris en vain, que pen-
« dant ces quatorze années, votre position sera
« devenue brillante, que vous aurez quitté votre
« ancienne demeure, que, favorisé par la for-
« tune, vous vous serez retiré dans quelque
« ville loin de Paris et que, par conséquent, cet
« acte de contrition ne vous parvenant pas,
« vous me mépriserez jusqu'au bout. Puisse
« Dieu avoir éloigné de vous le malheur, la ma-
« ladie, la mort surtout, et qu'il fasse que ce ne
« soit pas l'une de ces trois causes qui empêche
« cette lettre d'arriver jusqu'à vous ! Il doit être
« bien grand, votre fils, maintenant, ce doit être
« un homme, oui… Oh ! pourvu qu'il n'ait pas
« la mauvaise nature de sa mère, pourvu qu'il
« ne soit pas méchant et débauché ! Oh ! non,

« vos bons exemples l'auront rendu tel que
« vous êtes; les conseils de votre ange, de votre
« digne et sainte épouse, lui auront fait prendre
« en horreur le vice et le désordre. Lui aura-
« t-elle parlé de moi, lui aura-t-elle appris à me
« maudire et à me détester? Oh ! je suis injuste
« envers elle; c'est moi qui aurais fait cela, si
« j'avais été à sa place; c'est moi qui, ressentant
« une basse jalousie, me serais crue le droit de
« rendre un fils complice de ma haine pour sa
« mère... Mais ce n'est pas elle. Elle, au con-
« traire, a dû chercher à m'excuser, y parvenir
« peut-être même, à l'aide de pieux mensonges.
« Si elle l'a fait, je veux, j'exige que vous fassiez
« lire à mon fils cet aveu de mon ignominie,
« pour qu'il désapprenne à m'aimer, pour qu'il
« cesse de m'estimer... Tenez, voyez comme je
« suis hypocrite... je ne pense pourtant pas ce
« que je trace là!... Non, je me dis tout bas : il
« me pardonnera, et si, ignorant mon passé, il
« m'a aimée, eh bien! il continuera, et de plus
« il me plaindra pour les souffrances que me
« font éprouver mes remords et mon repentir...
« Oh! comment ai-je pu méconnaître ces ineffa-
« bles sensations de l'amour maternel ! Je les
« ressens maintenant, et je ne pourrai jamais les
« alimenter .. Non, Dieu est juste ! je mourrai

« sans avoir revu mon Auguste, sans l'avoir
« embrassé, et ce n'est pas lui qui fermera mes
« yeux! car je suis bien malade. Je m'éteins
« sous l'empire d'une affection de poitrine, et
« quand, dans quelques semaines, cette lettre
« arrivera en France, je ne serai sans doute
« plus. Déjà l'année dernière, j'ai cru mourir;
« mais non, mon heure n'était point venue, car
« le remords ne m'était pas né... et elle va son-
« ner maintenant; elle va sonner certainement,
« car je suis transformée, car je sens mon cœur
« battre en pensant à mon fils, et je considère
« qu'il n'est pas sur terre de bonheur plus grand
« que celui d'une mère qui presse dans ses bras
« l'être à qui elle donna la vie... Adieu donc,
« mon enfant, adieu!... Ne me pleure pas, je
« n'en vaux pas la peine; tout ce que je te de-
« mande, si cette lettre te parvient, c'est de
« faire dire une messe pour le repos de mon
« âme... Prie pour moi, et dis au bon Dieu que
« je mérite peut-être qu'il me pardonne et
« m'ouvre son paradis, pour que je puisse t'y
« retrouver un jour, car je meurs privée de
« tout ce qui faisait jadis la joie de mon exis-
« tence : j'étais belle, et la maladie a détruit ma
« beauté ;— j'étais riche, et je suis dans la plus
« affreuse misère;—j'étais indifférente, et le re-

« mords m'accable. Adieu, encore une fois, et
« donne à l'ange qui t'a élevé, donne à l'épouse
« de ton père le baiser que je voudrais bien re-
« cevoir de toi avant de mourir. »

C'était tout. Le nom seul de Trinette Millot
terminait cette lettre.

Pierre, pendant sa durée, avait eu grand'-
peine à retenir ses larmes ; mais à la fin, elles
coulèrent malgré lui ; Véronique et Auguste
pleuraient aussi.

— Embrasse-moi, Auguste, embrasse-moi,
c'est le vœu de ta mère, nous prierons ensemble
pour elle.

Auguste se jeta au cou de Véronique, et sanglotant tous deux, ils se tinrent longtemps em-
brassés.

— Mais, dit Auguste, relevant la tête et im-
posant une trêve à sa douleur ; mais on ne
meurt pas toujours d'une maladie de poitrine ;
souvent celui qui en est affecté croit vivre encore longtemps et s'éteint le lendemain même ;
mais aussi, l'on a vu ceux qui croyaient mourir
revenir comme par miracle à une santé floris-
sante.

— Oui, fit Véronique, oui ; dernièrement,
dans le quartier, nous avons eu un exemple

semblable : une jeune fille allait mourir, faute de soins et par misère plus encore que par maladie ; la charité s'émut, lui vint en aide, et elle fut sauvée. Tu sauveras ta mère, Auguste ; il faut que tu la sauves...

— Oh ! oui, n'est-ce pas, je vais partir.

— Oui, mon enfant, et dès demain, nous t'accompagnerons jusqu'au Havre.

Pierre ne disait rien, lui, il s'associa seulement d'un geste affirmatif à cette généreuse résolution inspirée par sa femme. On se mit immédiatement à préparer les malles et les bagages d'Auguste.

Le lendemain, la famille Moulin partait pour le Havre.

Elle fut obligée d'y passer quelques jours, le paquebot de New-York ne partant pour cette destination que toutes les trois semaines. Pendant ce temps de réflexion que le hasard leur imposait, Auguste, Pierre et Véronique ne sentirent pas faiblir leur généreuse résolution ; mais, hélas ! quand arriva l'heure où il fallut qu'Auguste s'embarquât, ce fut une scène déchirante.

— Si tu n'allais pas revenir ! si nous n'allions plus te revoir !

— Oh ! ma mère, quelle pensée !...

— Les naufrages sont fréquents.

— Dieu me protégera.

— Et puis, nous commençons à nous faire vieux, nous... nous pouvons mourir... et alors...

— Oh ! chassez cette pensée, vous m'ôteriez tout mon courage, vous me feriez renoncer à...

— Non, non, mon enfant, va... accomplis ton devoir... tu as raison, Dieu te protégera, il nous protégera aussi ; sauve ta mère, et ramène-la avec toi ; nos bras, notre maison, nos cœurs lui sont ouverts.

Une heure après, par un temps magnifique, par une mer superbe, le paquebot américain le *Washington* sortait du port du Havre, et jusqu'à ce que la jetée fût devenue invisible, Auguste Millot resta sur le pont et fit des signaux d'adieux à Pierre et à Véronique Moulin.

XXIII

IL VA REVENIR !...

Ils furent bien tristes, les deux bons vieux (car voici que Pierre et Véronique commencent à mériter cette qualification), lorsqu'à leur tour ils perdirent de vue le paquebot qui emportait Auguste. Ils restèrent cependant encore sur la jetée, longtemps après qu'ils eurent cessé d'apercevoir le mouchoir blanc que leur fils adoré agitait dans l'espace. Tous les parents, tous les amis des autres passagers du *Washington*, et qui étaient venus comme eux suivre des yeux ceux qui les quittaient jusqu'à leur disparition complète, étaient rentrés en ville depuis plus d'une grande heure, lorsque enfin nos deux personnages revinrent à eux-mêmes et s'aperçurent de leur solitude. Ils se regardèrent alors et se trouvèrent l'un à l'autre une expression de physionomie tellement désespérée, que chacun d'eux, se faisant violence, eut la force de sourire à l'autre, dans l'espoir de le faire sourire ; de sorte qu'ils se sourirent mutuellement, mais d'un air tellement navré, qu'aucun d'eux ne parvint à faire prendre le change à l'autre. Ils ne se donnèrent alors pas plus longtemps la peine de dissimuler, et, ne retenant plus leurs larmes, ils les confondirent ! Elles furent bien amères ! Oh ! si c'eût été à refaire, ils n'auraient certes plus autorisé Auguste à s'éloigner, et si celui-ci avait voulu le faire malgré eux, ils seraient partis avec lui.

— Ainsi, nous voilà seuls maintenant : tout seuls ! fit Véronique. Il est parti, nous ne le verrons plus, ni aujourd'hui, ni demain, ni les jours suivants, ni...

— Voyons, ma Véronique, ce n'est pas raisonnable de te désoler comme cela, car enfin, je te reste, moi, c'est une consolation...

— Allons donc, une consolation ; est-ce que j'ai couru risque de te perdre ? est-ce que je puis jamais craindre cette chose-là ? est-ce que quand l'un de nous partira, fût-ce pour là-haut, l'autre ne le suivra pas ?... Tu as tort, Pierre, bien tort, de vouloir essayer de me consoler : il est de ces

douleurs, et celle qui nous frappe est du nombre, que l'on augmente en tentant de les cal-
mer. Si tu ne le comprends pas, je le comprends,
moi; aussi, je ne te console pas, je ne viens pas
te dire que je te reste et que cela doit sécher tes
pleurs... Non, je respecte ta douleur et je la
partage, voilà tout...

Oh! comme il fallait qu'elle souffrît pour dire
toutes ces duretés-là au pauvre Pierre, lequel,
convaincu de son tort, baissa la tête et ne répondit pas; mais elle ne tarda pas à se repentir
et à se rapprocher de lui :

— Pardon, pardon, fit-elle en lui prenant la
main; mais c'est qu'aussi c'est fait pour vous
exaspérer, pour vous rendre méchant quand
le sort vous impose de telles nécessités et de
semblables sacrifices... Nous l'aimions tant, et il
nous aimait tant!... Enfin, il est certainement
impossible d'être plus heureux en ce monde
que nous ne l'étions à nous trois, et le voilà
rompu, cet ineffable charme, et le voilà parti
pour le nouveau monde, ce bonheur...

— Mais il nous reviendra, mais ce n'est que
pour un temps, pour trois mois tout au plus,
que notre Auguste est loin de nous, et trois mois,
Véronique, c'est bien vite passé.

— Trois mois! oh! mais j'espère bien que c'est

avant ce temps qu'il sera de retour, New-York, mais ce n'est pas si loin...

— Ah! mon Dieu, en vingt-cinq jours on y est.

Cette réponse était faite par un matelot qui venait d'arriver sur la jetée, où son [encore les deux époux Moulin; il n'a entendu que la dernière partie de la phrase de Véronique, et il croit rendre service à celle-ci en lui répondant.

— Vingt-cinq jours, avez-vous dit, oh! non, vous vous trompez...

— Avec ça que je n'ai pas fait le voyage déjà dix fois... oh! mais ça, oui, dix fois; même que quatre sur ces dix-là, j'ai failli y laisser ma peau...

— Par des naufrages?

— Comme vous dites, ma petite dame; dont deux solides, puisque trois passagers ont bu à la grande tasse et ont, à ce qu'il paraît, trouvé le bouillon si bon qu'ils ne sont plus revenus...

— Vous me faites frémir, monsieur; quoi! il serait possible qu'Auguste ne revînt pas, qu'Auguste se noyât aussi... qu'il mourût!... Après tout, cela m'est égal, voyez-vous, car s'il meurt, je sens bien que je mourrai aussi, ainsi que toi, Pierre, n'est-ce pas?

Le chagrin de Véronique dégénérait presque en délire, et c'était la faute du matelot, qui était

venu mal à propos se mêler de la conversation.
Il comprit sa faute, le brave homme, et essaya
de la réparer, en prétendant que ce qu'il en
avait dit, c'était uniquement histoire de plai-
santer un peu ; que le voyage de New-York
était le plus charmant et le moins dangereux
que l'on pût entreprendre, et qu'il n'y avait pas
d'exemple qu'un navire faisant ce trajet ait seulement subi une avarie.

Véronique s'accrocha à cette douce espérance
et rentra en ville avec Pierre, bien moins in-
quiète, sinon entièrement rassurée.

Le soir même, ils reprirent la diligence de
Paris.

Auguste avait bien promis de leur écrire tout
aussitôt son arrivée, mais soixante jours pleins
devaient se passer avant que la réception de sa
lettre fût possible. Nous ne raconterons point en
détail quels furent, pour Véronique et pour
Pierre, les ennuis de cette longue attente ; nous
dirons seulement qu'un changement notable et
pénible s'était opéré en eux physiquement : ils
avaient, en ces deux mois, vieilli de sept ou huit
années...

Enfin, la lettre arriva, et ils étaient là tous les
deux lorsque le facteur l'apporta :

— Oui, oui, c'est bien de lui ; c'est bien son

écriture! s'écria Véronique en regardant la sus-
cription.

— Parbleu! ma chère femme, fit Pierre, et
de qui donc serait-il possible qu'elle fût, si elle
n'était d'Auguste ; est-ce que nous avons à New-
York d'autre connaissance que lui ?

— Et sa mère!...

— Sa mère! Pauvre femme! je crains bien
qu'il ne soit arrivé trop tard, même pour lui
fermer les yeux.

— Enfin, lisons vite...

Ils lurent.—La lette d'Auguste était longue et
contenait heureusement tout autre chose que
ce qu'ils redoutaient d'y trouver.

« Chers parents, y était-il dit, ma traversée
« a été fort heureuse et je suis arrivé hier dans
« un état de santé on ne peut plus satisfaisant.
« Mon premier soin, en débarquant, a été de
« m'informer auprès du maître de l'hôtel où je
« me suis fait conduire de la manière la plus
« prompte de connaître la demeure d'une fran-
« çaise ayant nom Trinette Millot... de ma
« mère!...—Oh! rien de plus facile, me répon-
« dit mon hôte; dans une heure, monsieur, je
« pourrai vous fournir sur cette dame tous les
« renseignements désirables ; je vais aller moi-

« même les recueillir au bureau de police. —
« Et il me quitta pour ce faire et ne fut, en effet,
« pas plus d'une heure absent. Oh! que d'an-
« goisses vinrent m'assaillir pendant ces soixante
« minutes!... vous vous les figurez, n'est-ce
« pas?... Ma mère, ma chère mère, serait-elle
« encore vivante, et les tristes prévisions de sa
« lettre ne se seraient-elles pas réalisées? Dieu
« ne l'aurait-il pas rappelée à lui?... Voilà ce que
« je ne cessais de me demander à moi-même,
« le cœur serré et les larmes aux yeux... Mais
« non, non, elle existe encore! je m'empresse
« de vous le dire, pour vous rassurer sur-le-
« champ comme je suis rassuré moi-même...
« Car vous vous intéressez encore à ma mère,
« n'est-ce pas? et en ouvrant ma lettre, vous
« avez craint qu'elle ne renfermât une fatale
« nouvelle... Vous comprenez quelle fut ma joie
« extrême, lorsque mon hôte revint et qu'il me
« dit : — Oui, monsieur, oui, on connaît cette
« dame, et le hasard fait justement que son do-
« micile est tout proche. — Je fus sur le point,
« en entendant cela, de sauter au cou du mes-
« sager de cette bonne nouvelle... je ne sais
« pourquoi je me contins.—Vite, repris-je, in-
« diquez-moi le chemin qu'il faut prendre pour
« m'y rendre, à ce domicile. — Tenez, tournez

« par là, et vous vous trouverez sur le port :
« alors, prenez la première rue à gauche, elle
« loge au rez-de-chaussée de la deuxième mai-
« son, à droite.—Il ne lui fut pas nécessaire de
« me répéter cela deux fois ; oubliant même de
« le remercier, je m'élançai dehors, et dix mi-
« nutes après, je me trouvais au coin d'une pe-
« tite rue étroite, sale et sombre. C'était une
« masure de hideuse apparence, que la deuxième
« maison devant laquelle je m'arrêtai, et j'hé-
« sitais à en franchir le seuil ; il me paraissait
« impossible qu'elle fût la demeure de ma mère.
« Enfin, pourtant, j'entrai. Au bout de l'allée
« sombre brillait une faible lumière à travers
« les ais mal joints d'une cloison en planches :
« ce ne devait pas être une chambre cela, mais
« seulement un caveau, un cellier. Néanmoins,
« passant sans monter devant un escalier qui
« conduisait à l'étage supérieur, j'avançai jus-
« qu'à ce réduit, où la lueur qui s'en échappait
« m'annonçait que, sans doute, j'y trouverais
« quelqu'un qui pourrait me dire si vraiment
« telle était la demeure de Trinette Millot... j'a-
« vançai donc et je m'aperçus que la porte était
« entr'ouverte... Je ne la poussai pas tout d'a-
« bord ; je frappai, on ne répondit pas... Je prê-
« tai l'oreille et je crus entendre comme le mur-

« mure de la voix d'une personne qui lisait ou
« qui causait avec elle-même... Je frappai de
« nouveau, rien encore... Je pris le parti alors
« de pousser la porte, et je vis... Oh! quelle mi-
« sère! quelle misère! la terre nue pour tout
« plancher... un plafond et des murs à peine ci-
« mentés et suintant d'humidité... dans un coin,
« un grabat sordide, une chaise, une mauvaise
« table, et sur cette table, dans un bougeoir de
« fer, une mince chandelle jaune. Je ne distin-
« guai pas autre chose, et cependant le faible
« murmure que j'avais entendu, je l'entendais
« encore et plus distinctement... Je regardai avec
« plus d'attention, et, dans l'ombre de l'angle
« opposé à celui où se trouvait le lit, je vis une
« femme agenouillée au-dessous d'une branche
« de buis bénit ; elle me tournait le dos, et la
« tête appuyée, ensevelie dans ses mains jointes,
« elle priait, elle causait avec Dieu!... Oh!
« comme je désirai alors que cette femme ne fût
« pas ma mère : c'était elle pourtant! Elle de-
« meura quelques instants encore absorbée dans
« son oraison, et moi, debout, immobile et rete-
« nant ma respiration, je n'osais faire un mou-
« vement dans la crainte de la troubler. Enfin,
« elle se leva, se retourna et m'aperçut :—Quel-
« qu'un est là, dit-elle, qui donc?... Vous,

« sans doute, docteur ; j'ai la vue faible, vous
« savez, et je ne vous distingue pas... — Ces
« mots étaient prononcés en français ; j'en con-
« clus que c'était bien là celle que je cherchais ;
« je voulus parler, mais, brisé d'émotion, il me
« fut impossible d'articuler un son. Alors elle
« continua : — Eh bien, docteur, une fois en-
« core vous venez et me retrouvez vivante.
« Cela vous étonne, n'est-ce pas ? et moi donc !—
« Vous ne me répondez pas, pourquoi ?... Ah !
« je devine... vous me voyez tellement pâle, tel-
« lement faible, que vous reconnaissez les symp-
« tômes de ma mort prochaine, et que vous
« n'avez pas aujourd'hui, comme hier, le cou-
« rage de me dire que vous me sauverez... Bon-
« nes paroles que vous dictait votre commisé-
« ration, mais bien inutiles ; car je sais bien que
« je vais mourir, et cela ne m'effraie pas, au con-
« traire, je souhaite que ce soit bientôt... — Je
« ne pus retenir mes pleurs et mes sanglots. Elle
« les entendit, elle s'en étonna, s'approcha tout
« à fait de moi, et me considérant avec surprise :
« —Mais vous n'êtes pas le docteur, vous, mon-
« sieur, dit-elle. Vous pleurez, pourquoi donc
« pleurez-vous ?... Ah ! c'est étrange, fit-elle en-
« suite, semblant frappée à la vue de mes traits...
« oh ! c'est étrange, comme vous ressemblez à...

« Est-ce que vous seriez…—Votre fils! ma mère,
« votre fils!…—Je renonce, voyez-vous, à vous
« raconter ce qui suivit ; quelle fut l'impression
« sur moi du premier baiser de ma mère… Oh !
« je l'aime!… elle est bonne! Comment donc
« est-il possible qu'il fut un temps où elle
« ne l'était pas?… — Je l'ai emmenée sur-le-
« champ avec moi, et une chambre bien belle
« et bien grande remplace cet affreux réduit où
« elle serait morte de misère encore plus que de
« maladie ; les médecins les plus habiles lui pro-
« diguent leurs soins et me répondent d'elle.
« Dans huit jours, disent-ils, elle sera, sinon
« complètement guérie, du moins assez rétablie
« pour pouvoir supporter le voyage de France.
« Je prends donc mes mesures pour que nous ne
« restions pas ici une heure de plus qu'il ne le
« faut. Je retiens nos deux places à bord du
« même paquebot, le *Washington*, qui m'a con-
« duit à New-York, et dans cinq semaines au
« plus nous serons tous deux auprès de vous.
« Mais je n'ai fait, jusqu'à présent, que vous par-
« ler d'elle et de moi ; cependant, tous les deux
« nous parlons bien souvent de vous. Vous êtes
« pour elle, à cause de ce que vous avez fait
« pour moi, des objets d'adoration… Elle a un
« bien bon cœur ; son esprit seul avait été faussé

« jadis... Puisse cette lettre, mes chers parents,
« vous trouver en un bon état de santé physi-
« que et morale; puisse mon éloignement ne
« pas vous avoir causé un chagrin trop violent!...
« A bientôt, nous serons réunis pour ne plus
« nous quitter alors... Quelle bonne existence
« nous mènerons, mon Dieu!... Mais le mal-
« heur, vraiment, n'est pas une si mauvaise
« chose!... On n'est pas si heureux que cela,
« lorsqu'on l'a toujours été... Je ne vous dis pas
« de m'écrire : devant partir dans une dizaine
« de jours, je ne recevrais pas votre lettre ;
« mais, moi, je vous écrirai encore avant mon
« départ. Au revoir, à bientôt; je vous em-
« brasse tous les deux, et ma mère vous em-
« brasse aussi. »

La lecture de cette lettre d'Auguste fut pour
Pierre et pour Véronique la source d'une joie
extrême. A dater du moment de sa réception,
ils se rassurèrent et reprirent courage.

— Il n'y a plus, se dirent-ils, qu'un peu de
patience à avoir ; dans quelques semaines, nous
le reverrons ; il sera près de nous pour ne plus
nous quitter. C'est encore bien long, mais chaque
jour nous relirons sa chère lettre, et elle nous
fera passer le temps.

Ils relurent chaque jour en effet la lettre d'Auguste, et plutôt deux fois qu'une. Véronique surtout ne pouvait s'en lasser ; c'était elle qui s'en était constituée la dépositaire, et maintes fois, en l'absence de Pierre, elle la parcourait.

Quelques semaines après arriva la seconde lettre annoncée par Auguste.

En voici la teneur succincte :

« Mes chers parents,

« Ma bonne mère va bien, tout à fait bien.
« Rien ne s'oppose plus à ce que nous nous em-
« barquions tous les deux pour la France ; aussi,
« sous deux jours, partons-nous sur le *Washing-*
« *ton,* ainsi que je vous l'annonçais dans ma
« dernière lettre. Le paquebot dit de la Malle-
« Poste part aujourd'hui même ; il prend une
« route beaucoup plus directe que la nôtre et
« sera au Havre trois jours avant nous.

« Je n'ai pas le temps de vous en écrire da-
« vantage ; voici ma bonne mère qui vient me
« prévenir que l'heure de la poste est arrivée...
« Vous la verrez, ma bonne mère, comme elle
« est redevenue belle et jeune !

« Au revoir, à bientôt, nous vous embrassons
« de tout cœur.

« Auguste Millot. »

— Déjà finie ! fit Véronique ; comme elle est courte, sa lettre !

— Ne viens-tu pas d'entendre que le cher enfant a été forcé de s'arrêter à cause de l'heure du courrier.

— Il fallait qu'il s'y prît plus tôt et nous écrivît dès la veille... Sa mère l'accapare, vois-tu ; je gagerais qu'il nous aimera moins.

— Tu es injuste, Véronique. Chasse bien vite ces pensées-là, et ne songe plus qu'à te réjouir avec moi de ce qu'il va nous être enfin rendu.

— C'est vrai ; dimanche, à pareille heure, nous l'embrasserons... Oh ! ce sera tant de bonheur que c'est à peine si j'y puis croire.

— Pourquoi donc ? mais c'est tout simple...

— Oui... dis donc, Pierre, reprit Véronique du même ton de dépit légèrement jaloux dont elle avait dit tout à l'heure qu'elle gagerait qu'Auguste les aimerait moins ; dis donc, Pierre, il nous mande que sa mère est redevenue belle et jeune ; quelle différence avec nous ! il nous trouvera bien changés, son absence nous a vieillis...

—Bah ! à quoi vas-tu penser ; voyons, voyons, que diable ! encore une fois, Véronique, ne songe donc qu'à être joyeuse de ce qu'il nous revient...

— Mais je le suis, Pierre, je le suis... Encore quelques jours...

— Vas-tu trouver que c'est encore trop long...

— Mais, oui.

— Écoute ; sais-tu ce que nous allons faire pour le revoir plus tôt ?

— Qu'allons-nous faire ?

— Nous allons aller l'attendre au Havre même...

— C'est cela, c'est cela ; que tu es gentil, que tu es bon, fit Véronique en lui sautant au cou. Vite, vite, nos malles...

— Oh ! ce sera promptement préparé, car nous n'avons pas besoin d'un gros bagage.

Leurs préparatifs furent en effet bientôt terminés ; ils partaient le même jour pour le Havre.

La première démarche de Pierre et de Véronique au Havre fut de se rendre au bureau maritime, pour demander si l'on attendait prochainement le paquebot le *Washington*.

— Selon toute probabilité, leur fut-il répondu, demain, à l'heure de la marée, il entrera dans le port.

Le lendemain, à cinq heures du matin, les époux Moulin étaient déjà sur pied. Ils sortirent, et aussitôt sur le port, ils demandèrent à la première personne venue à quelle heure était la marée, chose qu'ils savaient déjà pour s'en être informés la veille ; mais, comme on leur avait indiqué la marée pour trois heures, qu'ils trouvaient cette heure bien éloignée et espéraient avoir été trompés, ils s'étaient résolus à demander de nouveau. Celui qu'ils accostèrent se trouva tout justement être le matelot qui avait causé, quelques mois auparavant, une si grande frayeur à Véronique, en lui racontant ses naufrages. Ils se reconnurent aussitôt mutuellement.

—Tiens, bonjour donc, ma petite dame ; vous me remettez, pas vrai ; c'est moi, Thomas, dit le *vieux requin*. Ah ! non, au fait, vous ne savez pas mon nom ; ça ne fait rien, c'est moi tout de même.

— Vous qui avez fait dix fois le voyage de New-York ?

— C'est cela même, dix fois ; vous en avez retenu le nombre. Moi, je me souviens, de mon côté, que vous étiez ce jour-là bien triste ; cela va mieux aujourd'hui, à ce qu'il me paraît.

— Je crois bien ; ce jour-là Auguste partait, tandis qu'aujourd'hui il revient.

—Il revient aujourd'hui ?... Oh ! c'est juste, le *Washington* est signalé depuis hier au soir, et tantôt, à la marée de trois heures, il entrera dans le port.

— Ainsi, c'est vrai, à trois heures seulement?

— Oh! pour ça, c'est positif.

— Ah! nous mourons d'impatience, encore dix grandes heures à attendre!

— Tiens, dites donc, monsieur et madame, par rapport à vous il me vient une idée.

— Laquelle?

— Quéque vous donneriez bien pour revoir votre Auguste huit heures plus tôt?

— Que nous proposez-vous là!...

— Est-ce chose possible!

— C'est mieux que cela, c'est chose facile, cela dépend du prix que vous voudrez y mettre.

— Le prix, faites-le vous-même.

— Trente francs, c'est-il trop?

— Nous vous en donnerons quarante.

— Tope! alors... Vous êtes sûrs que votre Auguste est sur le *Washington?*

— Bien sûrs... voici la lettre où il nous le nomme.

— Ça suffit... Tenez, regardez bien là-bas à l'horizon, dans la direction de mon doigt.

— Nous regardons, mais nous ne voyons rien.

— Bah! que si, une fumée légère qui s'élève tout droit, vu qu'il n'y a pas de brise ce matin...

— Je vois, je vois! dit Véronique.

— Eh bien, c'est lui.

— Qui, lui?

— Le *Washington*; c'est sa cheminée qui fume .. Il est à quatre lieues environ, bien assis sur ses ancres, et attendant l'envoi de son pilote... Ce pilote, c'est moi... je n'ai l'ordre de nager vers lui que pour midi; mais si je veux, je peux y aller tout de suite.

— Et vous allez y aller, et vous nous emmènerez?

— Sûrement, puisque ça va me faire gagner quarante francs.

— Les voici, dit Pierre en mettant les quarante francs dans la main du matelot.

— Une belle pièce d'or, ma foi! Allons-y donc, voilà mon canot là-bas. Vous n'aurez pas peur, ma petite dame! Cela n'a pas d'apparence, c'est presque une coquille de noix, mais c'est solide.

— Oh! je n'ai peur de rien.

Cinq minutes après, Pierre et Véronique étaient assis à l'arrière du canot de Thomas le pilote, lequel, aidé de deux vigoureux rameurs, faisait filer légèrement son embarcation dans la direction du paquebot le *Washington*. Lorsqu'ils furent arrivés près du vaisseau, on les héla, ils répondirent. Peu après, ils accostèrent, et Pierre et Véronique grimpèrent tous deux sur le pont du navire.

XXIV

—Comment se fait-il, pilote, que vous veniez sitôt à nous? demanda l'officier à Thomas.

— Ce sont ces deux bourgeois, mon officier, qui désiraient voir tout de suite un de vos passagers; ils m'ont décidé à les conduire à bord.

— Monsieur et madame, reprit l'officier en s'adressant directement à ceux que Thomas venait de lui présenter, soyez les bienvenus; mais il est encore de bonne heure, et les passagers dorment.

—Oh! ce n'est pas possible; Auguste ne dort pas, fit Véronique; il a dû certainement, ainsi que nous, être tenu éveillé par l'idée qu'il allait enfin nous revoir. Nous n'avons pas pu fermer l'œil de toute la nuit, nous, monsieur...

— Je vous crois, madame, et je pense que votre supposition est juste; mais si le passager que vous venez trouver est en effet éveillé, à coup sûr il n'est pas levé.

— Ne peut-on pas aller lui dire que nous sommes ici?

— Si, vraiment; j'en vais donner l'ordre... Qui faut-il lui annoncer?

— Pierre et Véronique Moulin, son père et sa mère adoptive...

— Tu entends, mousse, dit l'officier à un petit matelot qui se trouvait près de lui; vas éveiller M. Auguste Moulin... Ah! mais j'y pense... attends un peu... Auguste Moulin... personne de ce nom ne figure sur la liste de nos passagers.

— Que dites-vous, monsieur, fit Véronique; oh! cela ne se peut pas, vous êtes mal renseigné, sans doute.

— Je le voudrais, madame, puisque cela paraît vous causer une peine si grande, mais...

— Vous affirmez que personne du nom d'Auguste Moulin n'est à votre bord, et...

— Mais, Véronique, calme-toi donc, interrompit Pierre, et rappelle-toi qu'en effet ce n'est pas à Auguste Moulin à qui nous avons affaire, mais bien à Auguste Millot.

— Ah! c'est juste; à quoi pensé-je donc,

mais je suis folle, en vérité... excusez-moi, monsieur.

— Il n'y a aucun mal. Nous disons donc Auguste Millot, n'est-ce pas? et il consulta une liste qu'il tira de son portefeuille. C'est particulier, mais je ne me souviens pas non plus...

— Oh! par exemple, cette fois c'est bien ce nom-là...

Et l'impatiente Véronique chercha des yeux, en même temps que l'officier, sur la liste que celui-ci parcourait.

—Tenez, tenez, fit-elle en indiquant du doigt un des noms qu'elle contenait : Millot, c'est bien cela, Auguste Millot.

— Non, André, dit l'officier; André Millot... voyez...

—Oui, André Millot, reprit Pierre, qui à son tour venait de s'approcher.

Véronique et lui se regardèrent avec une expression d'anxiété indicible.

—André, pourquoi André? murmura Pierre...

— Pourquoi? mais c'est tout simple, reprit vivement Véronique avec l'intonation la plus confiante et la plus soulagée; on aura mal entendu son prénom, et l'on aura inscrit André au lieu d'Auguste... Ces choses-là arrivent tous les jours, et déjà nous étions alarmés, inquiets;

nous sommes pires, vraiment, que des enfants...

— Ainsi c'est bien cela, n'est-il pas vrai, madame? il faut aller chercher M. André Millot?

— Auguste Millot... Auguste...

— Auguste ou André, peu importe!...

— C'est juste, puisque l'on s'est trompé.

— Et lui dire que son père et sa mère adoptive demandent à le voir?

— Voilà tout... Oh! ce cher Auguste, va-t-il
s'empresser d'accourir...

Le mousse descendit dans l'entre-pont pour
exécuter l'ordre qui venait de lui être donné.

— Dites-moi, monsieur, dit Pierre à l'officier, Auguste doit être accompagné d'une dame?

—D'une dame? attendez donc... Ah! oui, une
personne d'un certain âge.

— C'est cela.

— Sa gouvernante?

— Oh! non...

— Pardonnez-moi, je crois pouvoir vous af-
firmer que...

Il fut interrompu par le retour du mousse,
lequel se tenait la joue droite à deux mains et
avait les larmes aux yeux.

— Eh bien! qu'as-tu donc? lui dit-il.

— J'ai que M. Millot dormait encore, il ron-

llait même ; je l'ai réveillé et... et il m'a allongé
une calotte à poing fermé...

— Pauvre enfant ! ah ! c'est mal, fit Pierre.

—Est-ce que c'est possible, ajouta Véronique,
lui, Auguste, si bon, si doux, frapper un enfant,
allons donc !...

— Qui sait ! c'est peut-être moi qui me suis
flanqué à moi-même cette torgnole-là... voyez...

Le mousse ôta ses mains et laissa voir sa joue
rouge et enflée, et dont la vue rendait incontes-
table le coup de poing annoncé.

— C'est incompréhensible, reprit Pierre.

—Non pas, dit l'officier de quart en riant,
un soufflet à un mousse qui vous réveille mal à
propos, ce n'est qu'un détail...Néanmoins, qu'a-
t-il dit, va-t-il se lever ?

— Est-ce que je sais, moi !... Tout ce qu'il
m'a dit, c'est : Mon père et ma mère ? allons
donc... est-ce qu'ils seraient revenus de l'autre
monde ?...

— Il a dit cela ?

— Eh ! oui... et en jurant encore.

Comment peindre la stupéfaction qui s'empara de Pierre et de Véronique ? L'enfant avait
un accent de vérité qui ne pouvait laisser aucun
doute, et cependant ils doutaient encore...

— Voyons donc un peu si c'est vrai, ce qu'il

est venu m'annoncer, ce mioche, dit tout à coup la grosse voix d'un gros homme, à barbe épaisse et grise, à figure enluminée, lequel arriva sur le pont par l'escalier de la dunette.

— Tenez, le voilà, c'est lui ! fit le mousse en se sauvant, dans la crainte qu'il prît au nouvel arrivant la fantaisie de compléter sa paire de soufflets à poing fermé.

— Comment ! lui, Auguste ?...

— Où sont-ils, ceux qui se prétendent mon père et ma mère adoptifs ?...

L'officier était retourné où son service l'appelait ; Véronique, Pierre et le gros bonhomme demeurèrent tous trois en présence.

— Est-ce que par hasard, fit celui-ci s'adressant à ceux-là, ce serait monsieur et madame qui auraient la prétention de m'avoir tenu lieu des braves gens qui m'ont mis au monde ? C'est peu probable, à moins qu'ils ne soient fous.

A cette interpellation, il s'en fallut de peu que les époux Moulin ne devinssent idiots ; ils devinrent pâles et chancelèrent ; le gros bonhomme les soutint. Ce n'était pas un méchant cœur, car, remarquant leur vive émotion, il adoucit sa voix et ajouta avec commisération :

— Eh bien ! quoi donc... on va se trouver mal ; je n'ai pas dit ça pour vous faire de la peine; mais enfin, je ne peux pourtant pas vous accepter comme ça pour mes perents, moi qui les ai perdus depuis tantôt vingt ans.

La voix revint alors à Pierre et à Véronique :

— Ah! mon Dieu! mon Dieu! dirent-ils, non, non, monsieur, ce n'est pas vous qui êtes Auguste Millot!

— Auguste, non; mais bien André; André Millot, négociant armateur, soixante-deux ans sonnés et presque autant de mille livres de rente: ce signalement n'est pas celui de la personne que vous cherchez, n'est-il pas vrai?

— Non, fit Véronique, non certes; mais son nom de famille est le vôtre, et alors...

— Mais, reprit Pierre s'accrochant à une nouvelle espérance, vous n'êtes pas sans doute sur ce navire le seul de ce nom-là; il doit y avoir un jeune homme et une vieille dame, le jeune homme s'appelle Auguste Millot.

— C'est possible, demandez au capitaine, mais si cela était, je le saurais, que diable! je connais tous les passagers.

Les époux Moulin se rendirent auprès du capitaine, qui leur dit qu'en effet un monsieur du nom d'Auguste Millot était venu l'avant-veille du départ retenir deux places, mais qu'on

ne l'avait plus revu. Il fallut répéter vingt fois
cette chose à Pierre et à Véronique, qui ne se
tinrent pour convaincus qu'après avoir été
eux-mêmes visiter toutes les cabines, regardé
tous les passagers, questionné tous les matelots.
Leur désolation tenait du délire; ils concevaient
les plus sinistres appréhensions; l'homonyme
de leur fils leur offrit affectueusement ses tri-
viales consolations; mais bientôt la cloche
sonna, annonçant le déjeuner servi, et il les
quitta pour aller remplir cette fonction, qu'il
déclara considérer comme la plus importante
de la vie. Il les engagea à le suivre :

— Bah! dit-il, il ne faut pas se faire du chagrin comme ça, si votre Auguste a manqué le
départ une fois, il ne le manquera pas la prochaine; c'est quelques semaines de retard, et
voilà tout. Allons, venez donc, je vous invite,
la table du capitaine est bonne, et nous boirons
à la santé ainsi qu'au prompt retour de votre
jeune homme. Vous ne voulez pas, vous avez
tort, car c'est de bon cœur. Au revoir.

Restés seuls, Véronique et Pierre se livrèrent
à tout le désespoir de leur désappointement.
Ils ne savaient que croire, que penser, que ré-
soudre; ils étaient là, assis l'un en face de l'autre, sur des paquets de cordages. Ils en étaient

venus à ne plus se dire un seul mot, lorsque Pierre s'écria :

— Mais pour qu'Auguste change ainsi de résolution et ne parte pas au jour dit, il faut que quelque rechute ait frappé sa mère ; or, s'il en est ainsi, et cela seul est supposable, il a dû nous écrire sur-le-champ, et sa lettre est arrivée peut-être déjà ce matin à Paris. Elle nous attend, nous nous sommes croisés avec elle.

— Oui, c'est cela, repartons vite. Monsieur ! monsieur ! fit Véronique appelant le pilote, ramenez-nous à la côte.

— Dans une heure, madame ; il n'est pas midi.

—Oh ! cela ne fait rien, il faut que nous quittions ces lieux à l'instant même.

— Vous les quitterez alors sans moi, si vous pouvez ; car je ne peux plus bouger, mon service me retient.

— Oh ! nous vous en supplions, demandez-nous d'argent ce que vous voudrez.

— Désolé de ne pouvoir vous être agréable, mais mon service s'y oppose ; n'en parlons plus.

Le pilote s'éloigna, et les deux pauvres gens reprirent leur attitude muette, pensive et désolée.

Enfin le temps passa, et ils revinrent à terre. Leur impatience, qui n'avait fait que croître, ne leur permit pas d'attendre le départ de la diligence pour Paris ; ils se rendirent chez un loueur de voitures, et payèrent un prix énorme pour la location d'une berline.

Revenus à Paris, ils trouvèrent leur maison comme ils l'avaient laissée ; mais aucune lettre, aucune nouvelle d'Auguste Millot ni de sa mère.

A quelle extrémité plus terrible que la mort d'Auguste leur esprit pouvait-il s'arrêter ?

— Oui, Auguste est mort, se répétaient-ils parfois ; puis, l'espérance leur revenant, ils se mettaient à lui écrire.

Chaque matin, ils se disaient :

— Il n'est pas douteux qu'aujourd'hui nous allons recevoir une lettre d'Auguste.

Et ils n'en recevaient pas.

Au bout d'un an d'espérances déçues, de recherches infructueuses, ils écrivirent, ce qu'ils auraient dû faire tout d'abord, aux autorités de New-York.

Celles-ci répondirent qu'en effet un Français et une Française, tous deux portant le nom de Millot, avaient dû partir, à l'époque indiquée, sur le paquebot le *Washington*, mais qu'une indisposition subite de la dame les avait empêchés de se rendre à bord du vaisseau. Le surlendemain, un bâtiment marchand en destination pour le Havre, mettant à la voile, Auguste et Trinette Millot y avaient pris passage ; malheureusement on n'avait plus jamais entendu parler de ce bâtiment marchand, appelé le *Triton*, et qui, selon toute probabilité, avait péri corps et biens.

A la réception de cette triste nouvelle, Véronique et Pierre tombèrent dangereusement malades, et ce fut un miracle qu'ils échappèrent à la mort. Lorsqu'ils quittèrent le lit, ils prirent le deuil, et depuis lors le conservèrent toujours.

Dès ce moment, l'intérieur du petit magasin de la *Bonne foi*, lui si joyeux, si calme et si heureux jadis, devint morne et triste ; ce ne fut plus avec le sourire aux lèvres et la douce plaisanterie à la bouche que furent accueillis les chalands : les larmes qui montaient souvent aux yeux de Véronique tombaient parfois sur le coupon de soie qu'elle vendait. De son côté, Pierre n'apportait plus, dans ses relations extérieures, que mollesse et négligence ; la clientèle diminua ; le magasin fut bientôt désachalandé.

— Retirons-nous, se dirent-ils un matin. Le souci des affaires venant se joindre à nos soucis intimes, c'en est trop ; consacrons-nous entièrement au culte de la mémoire de notre pauvre Auguste!... Ah! puisqu'il fallait qu'il mourût, que n'est-il mort auprès de nous, au moins nous aurions sa tombe pour y aller prier!

Cette idée de retraite fut arrêtée irrévocablement; ils mirent sur-le-champ leur fonds en vente, et, pressés qu'ils étaient de s'en débarrasser, ils le vendirent à perte. Ils réalisèrent leurs créances, puis firent leur liquidation générale. Il leur resta net cinquante mille francs, soit de quoi se faire environ deux mille francs de rente, en plaçant cette somme sur l'Etat.

C'était sans doute le plus sage parti à prendre, et ils l'eussent pris en effet, si sur ces entrefaites Didier ne fût venu les voir.

Les affaires de Didier continuaient à prospérer, et ce fut de la meilleure foi du monde qu'il leur offrit de placer leur argent chez lui à six du cent. Pierre et Véronique n'étaient pas intéressés, mais ils virent l'un pour l'autre une possibilité de bien-être plus grande dans ce placement; ils acceptèrent donc la proposition de leur ami Didier.

XXV

RUINE DE DIDIER.

Le 5 février 1848, vers les onze heures du matin, Pierre et Véronique Moulin sortaient de chez Didier Beaumont. Didier était toujours à la tête de sa maison de banque ; la rente des cinquante mille francs, placés par les Moulin chez lui, avait été servie jusque-là avec autant de régularité que le sont celles de la dette publique ; la confiance des époux en Didier était absolue. Ils venaient ce jour-là, non pour toucher leur semestre, non pour faire une simple visite à leur ancien et vieil ami ; ils venaient lui apporter de nouveaux fonds, trois mille francs environ, économisés depuis cinq ans sur leur rente annuelle, et dont les intérêts allaient encore augmenter leur revenu.

Pierre et Véronique avaient gardé chez eux

environ deux cents francs ; c'était plus qu'il ne fallait pour attendre vingt jours encore l'échéance de leur semestre.

A l'époque où nous le retrouvons, Didier Beaumont, qui a le même âge que Pierre, est un vieillard. Jeune encore d'aspect et de caractère, il a constamment eu une existence heureuse, qu'aucune souffrance réelle n'est venue assombrir ; la mort de Philomèle et de Polycarpe Morage l'ont médiocrement attristé ; la perte de Thanésie ne lui a guère été plus sensible.

Quelques nuages par-ci par-là sont pourtant venus assombrir l'azur du ciel de cette heureuse vie ; ces nuages, c'est la conduite trop souvent orageuse de son fils Lucien qui les a formés. Lucien, on se le rappelle, enfant gâté et indocile, était devenu un bambocheur, c'est-à-dire le contraste le plus tranché avec Auguste Millot. Lucien est maintenant un mauvais sujet dans toute l'acception du terme ; il a refusé constamment d'embrasser une carrière quelconque ; il a trouvé beaucoup plus commode et infiniment plus agréable de se faire servir une pension par son père ; cette pension, il la dissipe en parties de plaisir ; quoique forte, bientôt elle ne lui suffit plus : chaque année, il a fait des dettes pour le triple de la somme à laquelle elle était fixée.

Didier, qui adore son fils, a payé les premières fois en riant ; puis il a fait de la morale , puis il s'est fâché. Plus tard, il a refusé de reconnaître et d'acquitter les dettes de son fils ; enfin, il l'a banni de sa maison.

Lucien laissa passer quelques jours, puis supplia, pleura même, et jura de se corriger :

—Paie encore cette fois, cher père, lui dit-il ; ce sera, je te le jure, la dernière de toutes. Je suis coupable, c'est vrai ; mais ton indulgence passée est aussi coupable que moi. Je me tiendrai désormais pour averti, je me rangerai... Tiens, pour preuve, je ne veux plus un sou de toi que je ne l'aie gagné ; prends-moi dans tes bureaux comme simple commis, et, à la fin du mois, tu me rétribueras selon ce que j'aurai fait. J'ai honte de moi-même et de mon oisiveté passée, autant que tu peux en avoir honte, et je tiens à me réhabiliter tout autant à mes yeux qu'aux tiens. Je t'en prie, mon bon et cher père, si indigne que je sois de ta pitié et de ton pardon, accorde-les-moi encore cette fois, et tu n'auras qu'à t'en louer.

Comment Didier eût-il pu résister à l'expression d'un repentir qui paraissait aussi sincère, et qui l'était en effet ? Restait à savoir si Lucien penserait toujours ainsi ; mais comment s'en convaincre, si ce n'est en en faisant l'expérience ? Or, Didier la tenta. Il paya de nouveau; ce fut vingt mille francs qu'il lui fallut tirer de son portefeuille. Ces vingt mille francs-là le gênèrent beaucoup, car c'était à peu près tout ce que, pour le moment, il avait en caisse. On était au 8 février, et depuis le 1er, il avait eu de très-forts remboursements à faire. Heureusement, il comptait d'ici au 15 du mois recouvrer d'importantes sommes, qui, si aucune ne lui faisait défaut, lui fourniraient non-seulement de quoi faire face à ses affaires, mais encore une centaine de mille francs de plus. Le surlendemain, en effet, se présentait à lui une opération financière paraissant réunir toutes les garanties désirables ; c'était un placement certain, il consacra quatre-vingt-dix-sept mille francs à cette opération.

Pour la première fois de sa vie, Lucien tenait sa parole ; il s'amendait réellement ; la bonté de son père l'avait ramené définitivement au bien. Il travaillait comme un cheval, et Didier en était heureux.

La situation financière actuelle de Didier présentait cent cinquante louis en caisse seulement, mais il avait huit cent mille francs environ, engagés dans diverses spéculations. Sur ces huit cent mille francs, quatre cent mille lui appartenaient en propre ; les quatre cent mille autres se composaient de fonds à lui confiés, et dont il avait à servir la rente.

Sans doute son embarras eût été grand si, d'un jour à l'autre, ceux dont il faisait valoir les fonds étaient venus les lui réclamer ; mais pouvait-il redouter une telle éventualité le 17 février 1848, époque à laquelle les affaires commerciales, industrielles ou autres étaient florissantes, disaient les gros banquiers ses confrères ?...

Dix jours après, cependant, une révolution était accomplie ; la République était proclamée.

Une panique générale s'empara du monde financier.

Tous les commettants de Didier, sans exception aucune, vinrent lui réclamer les sommes dont il était détenteur. Ces demandes, hélas ! il se trouvait dans l'impossibilité absolue d'y satisfaire ; il n'avait, pour faire face à tout, que ses cent cinquante louis ! Toutes ses spéculations se trouvèrent subitement entravées, sinon même réduites à néant ; tout ce qu'il possédait en propre, ainsi que les capitaux qui lui avaient été confiés, tout était perdu... Le déshonneur était inévitable !...

Lucien prit à cœur la douleur de son père, et

l'on peut dire que si, au prix de tout son sang, il lui avait été possible de conjurer ce malheur, il n'aurait certes pas hésité un seul instant.

Quarante-huit heures après l'accomplissement de la catastrophe prévue, le père et le fils étaient réunis dans le cabinet de la maison de banque, dont les bureaux étaient devenus déserts. Celui-ci essayant de consoler celui-là et n'y parvenant pas ; car Didier, la tête cachée dans ses mains, pleurait silencieusement, roulant dans son cerveau de sinistres projets dont son fils ne le soupçonnait pas même capable. Lucien connaissait peu son père !

De tous les commettants de Didier, les époux Moulin étaient les seuls qui ne lui avaient point demandé le remboursement de leurs fonds.

Pierre et Véronique n'avaient rien soupçonné des embarras financiers de Didier. Peu leur importait, à eux, la forme du gouvernement ; la révolution leur avait inspiré une frayeur médiocre, ils étaient restés tranquillement chez eux pendant que grondait au dehors l'orage populaire. Depuis, ils n'avaient pas même songé que les affaires de Didier pussent avoir, quoi que ce fût, à redouter de la suite des événements. Ils étaient, relativement à leurs cinquante-trois mille francs, dans la plus complète sécurité ; à ce point, que ce jour même, 27 février, l'échéance du semestre étant arrivée, ils se disposaient à se rendre chez leur ami, pour toucher leurs intérêts, ainsi qu'ils en avaient l'habitude.

Mais retournons auprès de Lucien et de Didier. Celui-ci lève tout à coup la tête et s'écrie :

— Mon Dieu ! mais j'y pense, et Pierre Moulin et sa femme ?

— Eh bien ! mon père ?

— Mais les voilà frappés comme les autres par l'affreux coup qui me frappe moi-même. Que dis-je, bien plus que les autres encore, car la somme qu'ils m'avaient confiée était leur seul avoir, tout ce qu'ils possédaient ; les voilà ruinés, ruinés sans ressource... Et au commencement de ce mois, ces trois mille francs d'économies qu'ils sont venus m'apporter encore ! Si au moins j'avais eu la bonne pensée de ne les pas recevoir... Et eux seuls, oui, eux seuls, ne sont pas venus réclamer... Pauvres amis, sans doute ils ne savent rien encore, ils jouissent en ce moment d'une sécurité trompeuse !... Il me va falloir bientôt leur apprendre que le produit de leur travail de tant d'années, que cette modeste aisance dont ils se contentaient, les bonnes et simples gens, est englouti dans le goufre de ma ruine totale. Cette révélation peut leur porter le

coup de la mort... et moi... oh! moi, je n'y sur-
vivrai pas...

Ces derniers mots furent prononcés avec un
tel accent qu'ils effrayèrent Lucien.

— O mon père! mon bon père, s'écria-t-il,
mon Dieu, à quoi penses-tu donc?... n'y pas
survivre! toi, mourir! Non, non!... Songe donc
bien que ton malheur n'est pas de ta faute, qu'il
ne peut t'être reproché par personne, Dieu
merci! Combien d'autres maisons, et plus puis-
santes que la tienne, dans les circonstances pré-
sentes, sont réduites à déposer leur bilan. Pour
les chefs de ces maisons, pas plus que pour toi,
ce n'est le déshonneur. Voyons, je suis jeune,
moi; j'ai du courage, et avec mon travail je puis
te faire encore une vieillesse heureuse.... oui, je
travaillerai.

— Pauvre Pierre! pauvre Véronique! mur-
murait tristement Didier.

— Je travaillerai pour eux, aussi. Voyons,
père, père, je t'en prie, ne pense pas à mourir...

— Non, Lucien; non, fit Didier, plus calme
en apparence. Mais, vois-tu, je n'aurai jamais la
force d'annoncer moi-même à nos amis cette affreuse nouvelle... Tu vas t'en charger, n'est-ce
pas?...

— Oui, père; oui, je ferai tout ce que tu voudras !

— Va sur-le-champ chez Pierre et Véronique; porte-leur ces cent louis; c'est tout ce qui nous reste, à toi comme à moi: tu en fais l'abandon de bon cœur, n'est-ce pas,?...

— En peux-tu douter !...

— Prends donc. Remets-leur cette somme en mon nom et au tien, et dis-leur de me pardonner... En partant, cher enfant, ferme la porte, et emporte la clef. Dis en bas que jusqu'à ton retour on ne laisse monter personne...

Didier ayant remis les cent louis à Lucien, celui-ci embrassa son père, étreinte que celui-ci lui rendit avec une effusion significative qui impressionna le jeune homme.

— Va, mon fils, fit le vieillard; accomplis promptement ce devoir.

Lucien partit, sans voir le geste suprême d'adieu que lui adressa son père.

La porte était à peine refermée sur Lucien, que Didier se précipitait vers la fenêtre, et soulevait un coin du rideau pour s'assurer du départ de son fils. Quelques instants après, le vieillard pouvait voir, en effet, Lucien sortir et prendre la direction de la maison des époux Moulin.

Didier quitta alors la fenêtre, revint à son bureau, en ouvrit un des tiroirs, dont il tira une paire de pistolets, puis de la poudre et des balles. Avec un calme sinistre et toutes les apparences d'une résolution inébranlable, il se mit à charger silencieusement ces armes.

XXVI

DES VRAIS AMIS.

Lucien, pour être plus vite revenu près de
son père, sans pourtant avoir conçu de crainte
sérieuse, mais poussé par cet instinct du cœur
qui nous ordonne de ne point laisser longtemps
seuls ceux qui sont sous le poids d'une grande
douleur ; Lucien courait plutôt qu'il ne marchait
vers le domicile des Moulin, lorsque, sur le sommet d'une barricade à moitié démolie qu'il venait de franchir, il aperçoit devant lui, et essayant de la gravir à leur tour, justement ceux
chez lesquels il se rendait : Pierre et Véronique
Moulin, bras dessus bras dessous, et s'aidant
mutuellement à perpétrer leur escalade. Les
bons vieux réussissent médiocrement ; les pavés
vacillent sous leurs pieds, et ils sont à tout moment sur le point de perdre l'équilibre, ce qui
provoque de leur part de légers accès de gaieté.

Ils voient Lucien, qui, plus alerte qu'eux, en deux bonds a passé de l'autre côté de l'obstacle révolutionnaire.

— Hé! Lucien, Lucien! lui crient-ils, viens donc nous aider, mon ami; car nous allons tomber, bien sûr...

— Monsieur et Madame, dit le jeune homme, j'allais chez vous...

— Et nous chez toi; comme ça se trouve... Allons, voyons, prête-nous ton appui...

Lucien fit avec empressement, mais en silence, ce que lui demandaient les amis de son père. Il leur présenta à chacun un bras robuste et complaisant.

— Là! là! firent Pierre et Véronique, lorsqu'ils eurent remis pied à terre. — Et maintenant, continua le premier, de quel côté convient-il que nous prenions notre course? Faut-il rebrousser chemin ou aller en avant? retourner chez nous, ou continuer à nous rendre chez ton père?... Mais tu ne réponds pas, mon garçon. Oh! mon Dieu! mais tu as l'air tout bouleversé!...Tu es pâle, et tes joues portent la trace de récentes larmes!... Est-ce que par hasard Didier se serait trouvé mêlé à la révolution?... Aurait-il reçu quelque blessure grave?...

— Comment va-t-il? Où est-il? Mais parle

donc, Lucien, demanda vivement Véronique, plus plompte à s'alarmer encore que son mari.

— Cependant, dans votre quartier, il me semble que l'on ne s'est pas battu...

— Rassurez-vous, bons amis, répondit Lucien; mon père n'est pas sorti pendant ces trois jours, et n'a, par conséquent, couru aucun danger.

— Et puisque ton père n'est ni blessé ni mort, pourquoi donc alors tes traits sont-ils ainsi empreints de désolation?

— Un autre malheur, aussi grand peut-être...

— Aussi grand, dis-tu? Toi, son fils, tu prétends qu'un malheur aussi grand que le serait sa mort peut être arrivé à ton père?

— Oh! ce n'est pas ce que je pense, ni ce que j'ai voulu dire, moi; mais ce qu'il pense, lui, mon pauvre père, que je vous exprime...

— Explique-toi mieux, Lucien!

— Mon père est ruiné!...

— Ciel!

— Ruiné complètement!

— Oh! mon Dieu!

— Cette catastrophe gouvernementale a emporté dans son torrent toutes les espérances que mon père fondait sur les spéculations dans lesquelles étaient engagés tous ses fonds et tous ceux de ses clients...

— Que nous apprends-tu là !.. Pauvre Didier ! Pauvre Didier ! Quel doit être son désespoir !... et tu le laisses là, Lucien, et tu ne restes pas près de lui pour essuyer les pleurs amers qu'il doit verser ?... Oh ! viens, viens, nous te suivons ; nous allons avec toi lui offrir nos consolations trop stériles, hélas !

Sans attendre la réponse que Lucien se préparait à leur faire, Pierre et Véronique, puisant des forces et de l'adresse dans l'excès de leur commisération, se mirent à franchir avec ardeur et vitesse les obstacles amoncelés dans les rues.

Leur premier mouvement, à ces deux bonnes âmes, avait été de ne penser qu'à l'infortune de leur ami ; le second, et cela est bien naturel, fut de songer à eux.

Après une soixantaine de pas faits précipitamment, Pierre et Véronique s'arrêtèrent spontanément ; Lucien s'arrêta aussi. Il prévit ce qu'il allait entendre.

— Et nous ? fit Véronique avec une certaine angoisse.

— Et nos cinquante-trois mille francs ? continua Pierre en interrogeant Lucien d'un œil inquiet.

Le jeune homme ne répondit pas ; il baissa les yeux ; un soupir s'exhala avec effort de sa poitrine.

Ce soupir était toute une réponse.

— Oh !... fit Véronique désolée.

Il y eut entre eux trois un moment de silence morne.

Puis, la nature généreuse et indulgente de Pierre reprenant le dessus :

— Au fait, puisque sa ruine est complète, à ce pauvre ami, pourquoi serions-nous plus épargnés que ses autres clients ?... Pas plus qu'aux autres, il n'a voulu nous faire du tort, à nous...

— Je le sais bien, mon Dieu ! Je ne l'accuse pas, mais nos ressources, quelles seront-elles désormais ?...

— Ceci seulement, dit Lucien d'un ton navré, et en leur présentant la bourse qui contenait les derniers cent louis de son père.

— Ceci, qu'est-ce donc ?.

— Deux mille francs qui nous restent, et que je vous portais de la part de mon père...

— Et il n'a plus rien ?

— Non !

— Plus rien absolument ?

— Non !

— Mais qu'il les garde, alors... Il pourra

peut-être recommencer à travailler... il est industrieux.

— Oh ! il ne les reprendra pas... — Cours chez eux, Lucien, m'a-t-il dit ; je n'ai pas le courage d'aller moi-même leur apprendre cette funeste nouvelle... C'est vous surtout enfin, votre position qui cause son plus grand chagrin. Il ne voulait pas y survivre...

— Que dis-tu ? ne pas y survivre ! Et il t'a éloigné ; mais, malheureux enfant, ton père va se tuer...

— Se tuer !...

— Il en est capable.... oui... tu n'as donc pas compris cela?... Viens, viens, courons...

— Mon Dieu ! mon Dieu ! faites que nous arrivions à temps.

Et comme des fous, tous trois se mirent à courir. Heureusement, ils étaient alors très-proches de la demeure de Didier Beaumont. Arrivés devant la loge du concierge, qui se trouvait justement sur sa porte, ils levèrent les yeux avec anxiété sur lui : ils craignaient d'apprendre qu'une détonation venait d'être entendue dans la maison... Mais non, le concierge resta impassible, et, au regard interrogatif que lui adressait Lucien, il répondit tranquillement :

— Monsieur votre père n'est pas sorti.

Véronique, Pierre et Lucien gravirent quatre à quatre les marches du premier étage et arrivèrent devant la porte de Didier.

Lucien, qui en tenait la clef, allait avec précipitation la fourrer dans la serrure, lorsque Véronique et Pierre, persistant dans leurs sinistres appréhensions, lui arrêtèrent le bras :

— Doucement ! dirent-ils ; qu'il n'entende pas rentrer, cela pourrait précipiter l'exécution de son fatal projet...

La porte fut donc ouverte sans bruit, et nos trois personnages pénétrèrent dans l'appartement, sur la pointe du pied, en retenant leur haleine.

Un silence de mort régnait autour d'eux. Arrivés au seuil même de la porte du cabinet qui était entr'ouverte, ils entendirent tout à coup un bruit qui les glaça d'effroi.

C'était le coup sec que produisent, en se relevant, les ressorts d'un pistolet que l'on arme...

Moins d'une seconde d'hésitation eut lieu, pendant laquelle quelque chose comme de la folie traversa le cerveau des trois écouteurs ; puis, ensemble, comme mus par une unique impulsion, ils poussèrent la porte et se précipitèrent dans la chambre, au moment même où Didier appliquait sur son front les deux canons des armes homicides.

Pierre, d'un côté, Lucien, de l'autre, saisirent les bras de Didier, et avec une violence telle que les pistolets s'échappèrent de ses mains sans qu'il eût pu en presser la détente.

Une seconde plus tard, il n'était plus temps...

— Qu'allais-tu faire, Didier? s'écria Pierre.

— Mon père, est-il possible! tu voulais te donner la mort...

Et en disant cela, Lucien avait saisi son père dans ses bras et le couvrait de baisers et de larmes. Quant à Véronique, elle était plus morte que vive ; défaillante, elle s'appuyait à un meuble voisin.

Didier, lui, paraissait avoir perdu la conscience de ce qui se passait autour de lui. Il ne se rendait pas compte, dans son égarement, de ce qui faisait qu'il vivait encore. Il se laissait embrasser par Lucien sans lui rendre ses caresses ; aux pleurs que répandait son fils, il ne mêlait pas ses larmes ; non, son œil était sec, hagard et presque fou...

Peu à peu cependant, le calme lui revint et la raison aussi. Ses premières paroles furent celles-ci :

— Ah! pourquoi m'avez-vous empêché de me tuer ?...

— Pourquoi, fit Pierre, pourquoi ? Mais parce que, si se donner la mort dans la prospérité, par ennui de l'existence, est une criminelle folie, se tuer parce que le malheur nous accable est pis encore; oui, c'est une criminelle lâcheté!...

— Oh ! Pierre, répliqua Véronique, ayant repris ses forces et s'approchant du groupe composé du père, du fils et de l'ami ; ne lui dis pas de duretés... Il ne répètera pas ce qu'il vient de dire là... Il ne le pense déjà plus, n'est-ce pas?

— Si fait, je le pense toujours, car vous ne savez pas, mes amis...

— Nous n'ignorons rien, au contraire...

— Et vous trouvez que je puis vivre encore!..

— Certainement ! est-ce qu'il faut ainsi s'abandonner à soi-même ? Si les affaires commerciales, industrielles, financières sont mauvaises en ce moment, qui sait si, d'ici à six mois, un an, elles ne reprendront pas comme de plus belle? Et alors, tu pourras recouvrer les sommes compromises.

— Non, non, j'en ai acquis la triste certitude : tout ce que je possédais est perdu, bien perdu ; perdu pour toujours.

—Quoi! rien? pas un recouvrement à espérer jamais?...

— Pas un...

— Cependant, père, reprit Lucien, cette maison des Etats-Unis qui, en faisant faillite, il y a trois ans environ, t'a fait perdre vingt mille dollars, tu as toujours ton recours sur elle...

— Puisqu'elle a fait faillite!...

— Si par hasard elle s'était relevée; ce n'est pas rare en Amérique de voir renaître de ses ruines des entreprises commerciales.

— Chimère que cet espoir...

— N'importe, on peut écrire... Et, dame! s'il se réalisait... vingt mille dollars font cent mille francs, et cent mille francs nous remettraient à même d'obtenir, soit un concordat, soit un contrat d'union, que sais-je!.. peut-être même d'entreprendre de nouvelles opérations à la tête desquelles je me mettrais, moi qui suis jeune, fort, courageux, et dont l'unique désir, le seul but, la pensée constante, serait désormais de travailler à ta réhabilitation...

— Lucien a raison, fit Pierre; oui, il faut écrire, et sur-le-champ...

— Il faut mieux faire encore, dit Véronique ; il faut partir... De près, on voit bien mieux ce que l'on a à faire, et puis, qui sait? si cette maison s'est relevée, mais ne peut encore rembourser en espèces, peut-être que vous obtiendriez une association... L'Amérique est le pays des ruines promptes, mais aussi des fortunes subites. Et alors, quel bonheur pour vous, si un beau jour vous reveniez en France avec assez d'argent pour payer intégralement tous vos créanciers !...

— Impossible, répliqua Didier, dont pourtant le visage s'illuminait à ces problématiques espérances.

— Rien n'est impossible, insista Véronique. On a des pressentiments, n'est-ce pas? Eh bien, moi, j'ai celui que l'idée de Lucien est une inspiration du ciel; partez, vous dis-je, partez...

— Partons, mon père.

— Et de l'argent pour faire le voyage?

— En voilà, reprit le généreux Pierre, en présentant à son ami les cent louis que Lucien lui avait donnés il y avait un moment.

— Moi! reprendre cet argent, qui est le seul qu'en ce moment je puisse vous restituer, cet argent sans lequel vous restez tous les deux sans ressources?...

— Eh bien, partageons... De plus, tu as des bijoux, de l'argenterie dont le prix complétera la somme nécessaire à vous faire transporter tous les deux à New-York. S'il y a du surplus, vous emporterez avec vous quelque pacotille.

Eh! mon Dieu, que de gens sont partis pour ces contrées lointaines avec moins que vous n'aurez en mains, et qui en sont revenus riches!... Mille francs nous suffiront à nous pour vivre un an, au bout duquel tu nous en enverras autant, et ainsi de suite chaque année, jusqu'à votre retour... Allons, c'est dit, tu acceptes, tu pars?...

— Non, non ; je ne puis me laisser aller à ces illusions que votre amitié se plaît à évoquer.... Les Thomson n'ont pas pu se relever...

— Les Thomson, dis-tu?... de Philadelphie?...

— Oui...

— Mais j'ai vu ce matin, dans un journal, qu'une ligne d'un des chemins de fer de ce pays venait d'être adjugée à une société de ce nom... oui, Thomson et Richard... Eh! mais, ce journal, je l'ai là, sur moi... Vérifions.

Le fait était exact. Il n'était pas certain que ce fût le même Thomson, mais il y avait des probabilités.

Didier donc se laissa convaincre, et quelques jours après, lui et Lucien partaient pour le Havre, d'où ils devaient s'embarquer pour les États-Unis.

Ils partirent. Mais dix-huit mois s'écoulèrent sans que Pierre et Véronique Moulin reçussent d'eux la moindre nouvelle. Leur noble dévoue-

ment n'obtenait pas du ciel la récompense méritée, ils restèrent complètement ruinés... Pendant cette année et demie, ils quittèrent leur
joli petit appartement, vendirent pièce à pièce
leur confortable mobilier, et en arrivèrent enfin
à être obligés, les pauvres vieux, à se reléguer
dans la mansarde sordide où ils nous sont apparus au premier chapitre de ce roman : ils y
travaillaient pour gagner leur pain quotidien....

XXVII

Nous fermons ici la parenthèse que nous avons ouverte à la fin du chapitre premier de notre premier tome, lequel chapitre se terminait ainsi :

« Pierre et Véronique Moulin, après avoir assidûment travaillé toute leur soirée à la confection de deux pantalons, dont le prix de façon devait leur procurer la nourriture du lendemain, avaient été forcés de cesser la veillée par l'extinction simultanée de leur mince chandelle de suif et du maigre feu qu'ils avaient allumé avec les débris d'une vieille chaise. Tous deux s'étaient alors couchés sur leur mauvais grabat ; puis, après une conversation amicale de quelques minutes sur le passé, si doucement écoulé, sur le présent si triste, sur l'avenir si incertain, ils s'étaient endormis dans les bras l'un de l'autre afin d'avoir plus chaud. »

En hiver, le jour vient tard, et Véronique était éveillée depuis longtemps, quand sa lueur blafarde vint éclairer l'intérieur de la mansarde. Pierre dormait encore, et sans doute la faveur d'un heureux songe lui était accordée par le ciel, car un demi-sourire errait sur sa bouche entr'ouverte.

— Comme il repose paisiblement! se dit Véronique en le considérant avec tendresse. Prenons bien garde de le réveiller. Cependant, il faut que je me lève, afin de terminer ces deux pantalons que je dois reporter ce matin. Voyons, tâchons de descendre du lit sans bruit.

Véronique prit des précautions inimaginables pour arriver à ce résultat, et ce ne fut pas sans de grandes difficultés qu'elle réussit dans son entreprise, car son bras droit était engagé sous le cou de son mari; elle parvint à le retirer sans que Pierre ressentît la plus légère secousse: elle se laissa ensuite glisser sur le parquet, s'habilla à la hâte, à petit bruit, puis se mit bravement à l'ouvrage. Une heure après, l'habile travailleuse avait terminé ses pantalons, et Pierre dormait toujours de son sommeil paisible et souriant.

— Vite, vite, pensa-t-elle, plions cela, reportons-le et soyons, s'il se peut, de retour avant que le pauvre Pierre ait terminé ce bon somme qui va lui faire tant de bien Oh! qu'il y a longtemps que je ne l'ai vu se reposer aussi calme.

Tout en se livrant à son monologue mental, Véronique avait enveloppé son ouvrage dans un vieux mouchoir de couleur ; elle s'était coiffée d'un chapeau de paille teint en noir, et enveloppée d'un petit châle brun, semé d'une quantité innombrable de visibles reprises. Puis, comme cédant à une tentation longtemps combattue, elle s'approcha du lit sur la pointe des pieds, avec le désir évident d'imprimer sur le front de Pierre un bon baiser. Un remords la prit sans doute, car la bonne femme résista, dans la crainte de déranger le dormeur. En deux bonds, elle fut près de la porte, l'ouvrit, la referma doucement, puis descendit rapidement son raide escalier.

Elle était ce matin-là si vite et si alerte, elle marchait d'un pas tellement assuré, qu'elle s'en étonnait elle-même.

— Est-ce que je redeviens jeune? se dit-elle gaiement. Comment donc se fait-il que j'ai plus de force aujourd'hui que je n'en avais hier? Il

me semble que j'ai l'esprit libre et complètement dégagé des nuages mélancoliques qui
l'assombrissent constamment; serait-ce un pressentiment, et va-t-il m'arriver aujourd'hui
quelque chose d'heureux? Qu'est-ce que cela
pourrait être?... Bast! ne nous préoccupons pas
davantage, laissons-nous être gaie; puisque
Dieu nous envoie ce rayon de tranquillité, il a
sans doute ses raisons; ne cherchons pas à les
deviner.

Véronique arriva enfin à son magasin de confection. Les patrons de cet établissement étaient
de braves gens qui se plaisaient à rendre justice
au zèle de leurs ouvriers, et quand l'ouvrage
était bien fait, ils les complimentaient volontiers.
Ils payèrent à Véronique, en même temps que
le prix de son labeur, un juste tribut de louan-
ges pour sa façon de travailler. Déjà Véronique
avait reçu de la nouvelle besogne et allait se retirer, lorsqu'elle se trouva tout à coup face à
face avec un personnage qui venait d'entrer
dans le magasin. C'était un homme de trente-
cinq ans environ, à la physionomie ouverte, à
l'allure franche et loyale; il sembla surpris,
étonné à la vue de Véronique, qui passait sans
le voir. Il l'arrêta par le bras :

— Madame Moulin? fit-il.

— Oui, monsieur ; je suis madame Moulin, dit-elle en regardant son interlocuteur ; mais je n'ai pas le plaisir, en ce moment au moins, de vous reconnaître.

—Cela n'a rien de bien surprenant, madame, car j'étais plus jeune de quinze ans et ne portais ni favoris ni barbe, lorsque j'ai eu l'honneur de vous connaître.

— Veuillez me rappeler votre nom, monsieur.

— Hippolyte, madame ; Hippolyte Durieu, qui fut votre commis, il y a dix-sept ans, alors que vous teniez encore le magasin de la *Bonne foi*.

— Ah ! je vous remets bien, maintenant.

— Je fis chez vous, madame, un fort utile apprentissage, car il m'a bien profité ; je me suis établi, et mon commerce est, depuis quelques années, en voie de prospérité complète.

— Vous êtes heureux, vous. Allons, tant mieux ! fit Véronique en étouffant avec peine un soupir.

— Et vous, madame ? et votre mari ? Vous vous êtes retirés, il y a longtemps, je crois... le temps du repos était venu pour vous... et...

M. Durieu n'acheva pas sa phrase, qu'il projetait évidemment de terminer par une félicitation, car il venait de remarquer tout à coup et à la fois, la pauvreté de la mise de Véronique et le paquet contenant l'ouvrage qu'on venait de lui donner à confectionner.

— Oh! pardon, reprit-il; je viens peut-être involontairement de vous faire de la peine... car... Est-ce que des malheurs vous auraient frappée, madame?

— Oui, monsieur Hippolyte, et nous sommes, mon mari et moi, obligés aujourd'hui de travailler pour vivre.

— Que me dites-vous là ! à votre âge, être obligée de gagner encore votre pain de chaque jour, et à quelle besogne, mon Dieu ! des confections d'habillements.

— Que voulez-vous?...

— Ce que je veux... je vais vous le dire. Écoutez, madame Moulin, ne faites pas, je vous prie, de fierté avec moi... rappelez-vous que jadis vous m'avez aidé, vous et votre mari, de vos bons conseils, toujours, et de vos recommandations quelquefois... Permettez-moi de vous prouver aujourd'hui ma reconnaissance.

Véronique rougit et trembla; un vague espoir, mêlé d'un peu d'amertume, traversa sa pensée. Qu'allait lui proposer Hippolyte?

Celui-ci reprit aussitôt :

— Soyez assez bonne pour m'attendre un

instant ; je n'ai qu'un mot à dire au chef de la maison, puis, si vous le voulez bien, nous sortirons ensemble, et en route nous causerons.

Véronique fit un signe de tête en manière de consentement ; Hippolyte la quitta, mais il revint bientôt. Il lui offrit respectueusement le bras, et tous deux sortirent.

Véronique, tout en marchant, et sur les demandes obligeamment répétées d'Hippolyte, lui raconta toutes les catastrophes dont elle et son mari avaient été victimes.

— Eh bien, reprit l'ancien commis, après avoir un moment réfléchi, voici ce que je vous propose : d'abord et avant toute chose, afin de parer au plus pressé, permettez-moi de vous offrir, à titre d'avance, une centaine de francs.

Cette proposition cordiale, si délicatement faite, jeta tout d'abord Véronique dans un étonnement extrême. Des larmes de gratitude lui montèrent aux yeux ; elle serra dans les siennes les mains de son ancien commis, en signe de muet remercîment, car l'émotion lui avait coupé la parole ; elle se remit peu à peu :

—Vous êtes bien bon, monsieur Hippolyte... Oui, en effet, notre position est des plus malheureuses, et j'accepterais volontiers, non pas pour moi personnellement, mais pour mon pauvre mari, qui n'a, hélas! pas de paletot d'hiver, ni de bons souliers ; ce qui fait que nous ne pouvons guère sortir, et c'est dommage, car lui, il est moins bien portant que moi, et un peu de grand air par-ci par-là lui ferait un bien réel; mais ces cent francs, comment pourrais-je vous les rendre? Je ne le sais...

— Par votre travail, madame Moulin. J'ai à vous en confier un plus important et plus lucratif que celui que vous faites en ce moment; je compte même, si cela vous convient, vous donner à diriger un de mes ateliers de tailleuses; cette place vous vaudra quatre francs par jour, et en vous retenant seulement vingt sous, en trois mois environ vous serez acquittée envers moi.

Nouvelle surprise, nouvelle joie, nouveaux remercîments de Véronique, qui, naturellement, accepta.

Elle accompagna Hippolyte jusque chez lui, et là, les cent francs lui furent comptés.

Il fut convenu que le lendemain même Véronique prendrait ses fonctions de directrice d'atelier. Son mari, lui, continuerait à travailler aux pièces, ce serait encore au moins soixante-quinze centimes à ajouter aux quatre francs fixes.

Après s'être de nouveau confondue en témoi-

gnages de reconnaissance, Véronique sortit et
reprit le chemin de son domicile.

Avisant sur sa route une boutique de fripier,
la bonne femme entra et fit l'acquisition d'une
bonne grosse redingote, d'un pantalon bien
chaud, de deux gilets de flanelle et de souliers pour son cher Pierre. Elle s'oublia complètement et n'acheta pour elle absolument rien.
Véronique acheta en outre, chez divers mar-
chands, quelques provisions de bouche : un
pain blanc, deux livres de bœuf (il y avait bien
longtemps que les deux pauvres vieux n'avaient
mangé de viande), puis du lait, du café et quatre sous de cassonade.

Lorsque Véronique rentra, Pierre dormait encore ; et pourtant, dans sa joie ineffable, la
bonne créature avait quelque peu négligé les
précautions.

— Quelle bonne surprise cela va lui causer !
se dit-elle en mettant sur deux chaises, auprès
du lit, la redingote, le pantalon, l'un des gilets
et la paire de souliers ; là ! occupons-nous vite,
maintenant, du déjeuner...

Elle alluma le feu sur lequel elle mit le lait et
en même temps l'eau nécessaire à l'infusion
du café... Cinq minutes après, tournant le dos
au lit, elle mettait le couvert.

A ce moment, Pierre rouvrait les yeux.

Il les rouvrit bien grands, le pauvre homme, lorsque ses regards se portèrent tout d'abord sur la redingote, le gilet, le pantalon et les souliers... Il crut continuer un rêve ; il se dressa sur son séant, et, pour s'assurer qu'il était éveillé, appela Véronique.

Celle-ci se retourna vers lui ; elle était radieuse : il ne douta plus.

— Oh ! le paresseux, fit-elle, j'espère que nous avons dormi la grasse matinée, il est bientôt dix heures... absolument comme dans les meilleurs jours, au temps où nous étions rentiers. Allons, voyons, qu'est-ce que tu as donc à me regarder ainsi, les yeux tout grands ouverts et sans rien dire ? Est-ce que c'est la honte qui te coupe la parole ?

— Non, c'est la surprise, répondit Pierre. Ceci... cela... (il désignait les vêtements et la table où était dressé le couvert). Qu'est-ce que cela veut dire ? qu'est-ce que c'est ?

— Ce que c'est ? Ce sont de bons habits bien chauds et de bon café chaud aussi...

— Oh ! je le vois bien, mais ton explication est loin d'être complète... Quel heureux hasard, ou plutôt quelle bonne fée a fait surgir ces choses-là en notre domicile ?

— Habille-toi d'abord et viens t'asseoir ensuite en face de moi, à table, et je te dirai
tout.

Pierre étendait le bras pour saisir ses vieux
vêtements, étendus sur le pied du lit.

— Non, fit Véronique, les neufs... je veux te
voir beau tout de suite.

— Ces vêtements sont à moi?

— Certainement... D'abord le gilet de flanelle, le pantalon, la redingote et les beaux souliers.

Et, tout en parlant, Véronique venait en aide
à Pierre pour se vêtir.

Lorsque la toilette de son mari se trouva entièrement terminée:

— Là! dit-elle, en se reculant de quelques
pas, j'espère que te voilà superbe et que tu vas
joliment me faire honneur, lorsque nous allons
tout à l'heure, après déjeuner, sortir ensemble,
bras dessus bras dessous, pour faire une longue
promenade... Il fait beau temps aujourd'hui,
un peu froid, mais sec, et d'ailleurs ta redingote
est bien doublée et ton pantalon très-gros... De
plus, voilà le soleil qui se montre et ses doux
rayons te réchaufferont, si tes vêtements sont
insuffisants.

— Mais, Véronique, dis-moi donc...

— Tout à l'heure, te dis-je, embrasse-moi et à table !

Il l'embrassa et se plaça en face d'elle.

— Tu parles de promenade, reprit-il, et travailler?

— On ne travaille pas aujourd'hui...

— Quoi! tu as reporté notre ouvrage et on ne t'en a pas donné d'autre !...

— Non; mais il n'y a pas, mon bon Pierre, de quoi prendre pour cela cet air désolé... Je t'ai fait assez longtemps attendre. Écoute le récit de ce qui nous arrive. Et elle lui raconta tout.

— Ah ça! est-ce que d'heureuses chances voudraient nous revenir. Hélas! c'est bien tard pour que la fortune ait le temps de se réinstaller complètement chez nous, dit mélancoliquement Pierre.

—Laisse donc ; quand elle s'y met, la fortune est vive et habile, en un rien de temps, elle répare ce qu'elle a fait de mal étant mauvaise... Tiens, je ne sais pourquoi, mais je soupçonne qu'elle ne s'arrêtera pas là... Figure-toi que ce matin, en me rendant au magasin, j'avais comme un pressentiment de joie et de bonheur... Toi-même, je t'ai regardé dormir, eh bien! ta figure rayonnait, il y avait un bon sourire sur tes lèvres; tu faisais sans doute un beau rêve?

— Oh! oui, bien beau, dit Pierre en soupirant et en levant les yeux au ciel.

— Bien beau, dis-tu? et ce souvenir, au lieu de t'égayer encore, te fait soupirer et répand de nouveau la mélancolie sur ton front... Quel était-il donc?

— Laisse-moi te le cacher.

— Pourquoi? C'est le moyen de me le faire deviner, que de ne pas me répondre... C'est de lui que tu as rêvé, n'est-ce pas?

— Oui.

Tout à coup tous deux devinrent sérieux et tristes; ils s'arrêtèrent de manger et demeurèrent quelques minutes sans s'adresser la parole, évitant de se regarder; car chacun d'eux sentait que des pleurs allaient humecter sa paupière et voulait éviter que l'autre les aperçût. Soins inutiles: leurs larmes s'échappèrent malgré eux et tombèrent sur la table. Chacun les vit; on ne pouvait essayer de se contraindre plus longtemps; ils se regardèrent, puis se tendirent la main et se la serrèrent avec force : ils s'étaient compris.

— Sommes-nous enfants, se décida enfin à dire Véronique, de nous chagriner ainsi; autrefois c'était bon, nous étions jeunes et par conséquent loin, bien loin, du moment où nous pourrons le revoir ; mais maintenant que nous voilà vieux, et que, d'un moment à l'autre, Dieu peut nous rappeler à lui, la pensée que nous le retrouverons là-haut doit nous empêcher d'être tristes. Voyons, calme-toi, Pierre, comme je me calme ; résigne-toi comme je me résigne... et pour me prouver ton courage, raconte-moi ton beau rêve ; il était beau, m'as-tu dit ?

— Oui, bien beau ! car, vois-tu, il n'était pas mort... Non, il revenait tout à coup, il surgissait entre nous deux, et tu penses bien que ce que nous faisions tout d'abord, c'était de l'embrasser ; puis nous le questionnions...—Oh ! disait-il, j'ai été bien longtemps à revenir, n'est-ce pas ? vous m'avez cru ingrat, d'abord, puis mort... mais je n'ai pas été l'un et je ne suis pas l'autre : il y a eu force majeure, impossibilité même de vous faire parvenir des nouvelles. Allons, séchez vos larmes, oubliez le passé et ne songeons qu'à l'avenir heureux qui nous est réservé ; nous ne nous quitterons plus jamais ; oh ! la bonne existence que nous allons mener désormais à nous trois...

— A nous trois seulement, disait-il ? interrompit Véronique.

— Oui, à nous trois...

— Il était seul alors, sa mère n'était pas près de lui ?

— Attends donc que je me souvienne. Oh ! non, non, il était bien seul, et ce qu'il avait dit est bien : — Oh ! la bonne existence que nous allons mener à nous trois.

— Et voilà tout ?

— Voilà tout... Il y a peut-être bien eu encore quelque autre chose, mais tu sais, je n'ai pas la mémoire bien longue pour les réalités, à plus forte raison pour les songes.

— Dis-moi, était-il bien changé, ou avait-il les mêmes traits, la même figure ?... avait-il le même âge qu'il avait lorsqu'il partit ?

— Non ; il semblait, au contraire, d'un âge encore plus avancé que celui qu'il doit avoir.

— Qu'il devrait avoir, reprit tristement Véronique.

— Oh ! laisse-moi croire un instant que mon rêve aura sa réalisation... et quant à ses traits, oh ! ils étaient changés à un point que notre cœur seul le reconnaissait, et non notre vue ; il avait le teint basané, des moustaches, beaucoup de barbe et presque pas de cheveux; de plus,— oh ! mais c'est singulier, comme chaque détail de sa physionomie me revient,—de plus, le pauvre enfant avait le crâne sillonné, de l'oreille droite au sourcil gauche, d'une grande cicatrice, assez creuse pour que l'on y mît le doigt...

nous l'y mettions même ; oui, et nous le plaignions bien...

— Et sa douce voix, est-ce qu'il ne l'avait plus ? Et ce bon regard plein de mansuétude qui paraissait être une caresse lorsqu'il le fixait sur vous, n'était-il plus le même ?

— Sa douce voix, attends donc, attends donc, que je me rappelle mieux ; m'a-t-il parlé ?... oui...

— Eh bien !

— Eh bien, hélas ! chère Veronique, elle était devenue rauque et dure ; il ne parvenait même pas à l'assouplir en nous disant les bonnes paroles que, tu le penses bien, il avait à nous adresser... et quant à son regard, il brillait d'un feu sombre.

— N'était-il pas heureux ?

— Si fait, heureux et riche...

— Et te racontait-il les motifs de sa disparition, d'où lui venait sa cicatrice et pourquoi sa physionomie était à ce point transformée ?

— Il allait le faire, je crois, quand le réveil est venu dissiper mon songe.

— Oh ! c'est dommage !... mais, vois-tu, Pierre, ne nous appesantissons pas trop sur ce sujet-là, c'est prudent. Ne prenons pas prétexte de cette hallucination de ton esprit pour nous remettre à caresser de folles chimères, de trompeuses espérances... Ce serait courir au devant de désillusions nouvelles, et nous en deviendrions plus malheureux encore.

— Oh! non, nous sommes raisonnables, moi du moins... Il vient, en vérité, de m'être plus doux que pénible de parler de ce cher Auguste.

— J'ai éprouvé la même chose.

— Bien vrai?

— Je te le jure.

— Et moi aussi.

— Alors, nous en reparlerons encore, veux-tu?... non pas pour espérer, mais pour nous souvenir.

— Oh! je me souvenais... et si j'évitais de le faire à haute voix, c'était pour toi... pour ménager ta sensibilité.

— Croyais-tu donc que je l'oubliais, moi?... Mais non... bien souvent, tous les jours, il se représentait à ma pensée, et si je me taisais, c'était pour le même motif, à ton égard.

— Je priais pour lui en cachette.

— Comme moi.

— Eh bien, aujourd'hui... prions ensemble...

— Oh! oui, prions...

Les deux bons vieux alors s'agenouillèrent à côté l'un de l'autre et adressèrent à Dieu la plus

pure et la plus fervente prière dont l'encens fût
jamais peut-être monté vers lui.

Après un moment de recueillement, ils se re-
levèrent, et Véronique remit sur le tapis la question de la promenade. Le temps s'était définitivement déclaré superbe et le soleil resplendis-
sait au firmament... Pierre consentit à sortir
avec elle, et, bras dessus bras dessous, tous deux
descendirent leurs six étages et se trouvèrent
bientôt dehors.

—Vers quel quartier dirigeons-nous nos pas?
dit Pierre.

— Vers celui où est située la demeure d'Hippolyte, rue de la Pépinière; c'est un peu loin.

— Oh! tant mieux que ce soit loin, au contraire, je me sens un courage et des jambes de
fer, ce matin.

— Comme moi, mon ami. Eh bien, gagnons
alors les boulevards, c'est le chemin le plus
beau.

Pierre et sa femme mirent une demi-heure à
se rendre sur les boulevards ; ils n'étaient pas
plus fatigués qu'au moment du départ. Ils pour-
suivirent leur chemin en gagnant du côté de la
place de la Madeleine.

A l'époque où nous sommes arrivés, on s'oc-
cupait beaucoup, en France, des mines de

l'Australie, nouvellement découvertes ; mille sociétés s'organisaient, tant réelles que fictives, tant loyales que déloyales, et celles-ci faisaient du tort à celles-là. Des affiches, dont la rédaction habile et attrayante provoquait la souscription, couvraient les murs ; mais il se trouvait des incrédules qui niaient l'existence de cette seconde édition de la Californie

On avait reçu l'avant-veille de ce jour la nouvelle qu'un navire venait d'entrer dans le port du Havre, arrivant en droite ligne de l'Australie ; il portait à son bord, disait-on, plusieurs individus enrichis par ce sol merveilleux. Ces individus, ajoutait-on, après vingt-quatre heures de repos, devaient se mettre immédiatement en route pour la capitale.

Ces nouvelles, d'abord transmises de bouche en bouche, venaient de prendre la forme d'affiches imprimées en gros caractères ; beaucoup de curieux les lisaient et les commentaient. Les uns niaient encore les mines et les mineurs australiens ; les autres, se promettaient d'aller à deux heures précises, moment indiqué, voir l'arrivée du convoi de ces Crésus au débarcadère.

XXVIII.

L'AUSTRALIEN.

Les vieux époux Moulin, qui avaient continué
à suivre la ligne des boulevards, se trouvèrent
bientôt à la hauteur des passages de l'Opéra ;
une foule compacte obstruait en ce moment l'en-
trée de la galerie de gauche.

La première maison de cette galerie était tout
justement le siége d'une société australienne ;
l'un de ses directeurs, debout devant la porte et
formant le centre du groupe principal, annonçait, en coupant son discours de parenthèses
infiniment prolongées sur les richesses incom-
mensurables des mines de l'Australie, que le
train de deux heures amènerait les arrivants
de l'Amérique.

— Il est plus d'une heure et demie déjà qui
vous empêche de me suivre, messieurs, disait

ce directeur, et de venir comme moi recevoir et féliciter à leur descente de waggon, ces hommes, nos frères, enrichis par leur audace?

— Oui! oui! allons-y, allons-y! cria la foule.

Et en effet, le directeur de la Compagnie australienne à sa tête, la foule se dirigea avec empressement vers le débarcadère.

Sans bien comprendre au juste ce dont il s'agissait, Pierre et Véronique, entendant que l'on parlait de gens arrivant d'Amérique et en revenant riches, s'émurent :

— Dis donc, Véronique, fit Pierre, il s'agit de l'Amérique, où depuis deux ans sont partis notre ami Didier et son fils...

—Ah! l'Amérique, reprit Véronique avec un soupir, un vilain pays celui-là, et qui nous porte malheur; Auguste aussi était parti pour l'Amérique, et il n'en est pas revenu et... comme Auguste, Didier et Lucien ne reviennent pas. Depuis deux ans, malgré la promesse formelle qu'ils nous avaient faite, aucune lettre, aucune nouvelle d'eux ne nous est parvenue.

— Les communications sont difficiles. Tiens, Véronique, te le dirai-je, moi, je ne perds pas courage, et d'un jour à l'autre je m'attends à un message de leur part; mieux encore, à leur retour.

— Tu es en veine de bonnes espérances, aujourd'hui; allons, tant mieux, et Dieu me garde de chercher à les détruire; mais...

— Tu ne partages pas mes espérances... et cependant, si aujourd'hui même...

— Aujourd'hui même?...

— Eh bien, si nos amis étaient parmi ceux qui reviennent d'Australie?

— Chimère, va.

— N'importe! que nous coûte-t-il de suivre ces gens au débarcadère? c'est d'ailleurs le chemin pour aller chez Hippolyte.

— Allons! je le veux bien, si cela peut te faire plaisir. Suivons le monde.

Et, en effet, ils suivirent la foule.

A deux heures sonnant, le convoi fut signalé; quelques minutes après, il entrait dans la gare du chemin de fer du Havre.

Tous les voyageurs qui descendirent des waggons, et ils étaient nombreux, furent, en passant devant la haie des curieux, assaillis de questions qui revenaient toutes à celle-ci :

— Ne revenez-vous pas d'Australie?

Les uns dédaignèrent de répondre, d'autres haussèrent les épaules; ceux-ci se mirent à rire et ceux-là se fâchèrent, envoyant brutalement promener les importuns questionneurs.

Le défilé complet des voyageurs avait eu lieu, et aucun d'eux n'avait avoué être l'un de ces mineurs tant attendus.

Pas d'Australiens!... Les curieux, désappointés d'abord, bientôt se fâchèrent.

— Ce directeur s'est moqué de nous, s'écrièrent-ils; il lui a semblé drôle de nous entraîner jusqu'ici pour le simple plaisir de la promenade, mais il nous le paiera... Où est-il? Il n'est plus parmi nous!... N'importe, nous allons aller le relancer jusque dans son bureau, jusque dans sa bicoque, et il se repentira de nous avoir mystifiés.

Et sur ce, la foule des curieux, se courrouçant de plus en plus, allait reprendre le chemin du passage de l'Opéra, lorsque reparut au milieu d'elle celui que l'on accusait.

Par faveur spéciale, il avait obtenu de pénétrer sous la gare, et il revenait du bureau des bagages. Son apparition excita de violents murmures d'abord, qui s'apaisèrent sur-le-champ lorsqu'on l'entendit s'écrier :

— Les voilà... ils me suivent... ils ont été plus longtemps que les autres à faire visiter leurs malles. Dame, des gens qui viennent de si loin!...

Un revirement subit s'opéra dans la foule ; un

hourra formidable de satisfaction accueillit la déclaration du directeur de la Compagnie ; on l'entoura, on le pressa ; il y eut même deux ou trois enthousiastes naïfs qui se mirent à crier :

— Vive le directeur !

Pierre et Véronique eux-mêmes partagèrent la satisfaction générale ; ils se sentaient pris, ainsi que tout le monde, d'une vive curiosité à l'endroit des arrivants d'Australie.

Ces derniers apparurent enfin ; une salve d'acclamations bruyantes et sympathiques les accueillirent.

Ils étaient quatre seulement.

Les deux premiers ressemblaient à tous les voyageurs qui viennent de pays moins lointains ; néanmoins, ils furent entourés et pressés de questions, auxquelles les deux voyageurs se firent un plaisir de répondre.

Les deux autres voyageurs étaient un homme et une femme se tenant bras dessus bras dessous ; ils paraissaient être le mari et la femme.

L'aspect de ces deux Australiens présentait une certaine originalité ; l'homme avait le type européen ; il n'en était pas de même de la femme : quoique belle, son teint était légèrement cuivré ; sa physionomie, bien que douce, portait le cachet de la sauvagerie ; son allure, ses gestes, sa démarche, trahissaient une gaucherie causée certainement par les vêtements dont elle était couverte, et qu'elle n'avait pas, c'était évident, l'habitude de porter depuis son enfance. Elle pouvait avoir trente ans environ.

Les curieux, à la vue de ces nouveaux personnages, furent bien autrement intrigués que par les premiers Australiens. Ils se précipitèrent à leur rencontre en poussant de véritables hurlements d'enthousiasme.

L'arrivant australien, peu flatté de cette ovation, traduisit son impatience colérique en repoussant à droite et à gauche les curieux; puis, d'une voix rauque, dure et puissante, il s'écria :

— Allons! voyons, tas de niais, faites-moi donc passage !

Pierre et Véronique Moulin, placés au dernier rang, ne pouvaient rien voir, mais ils entendirent ces mots.

Pierre tressaillit.

— Qu'as-tu donc? lui demanda Véronique.

— C'est étrange, dit-il; cette voix, oh! c'est bien étrange; il me semble que ce n'est pas la première fois qu'elle frappe mon oreille, et que...

Pierre n'acheva pas; quittant le bras de sa femme, il se mit, avec une vigueur dont lui-même ne se serait pas cru capable, à fendre la foule. Arrivé non sans peine au premier rang, il se trouva face à face avec l'homme dont l'organe l'avait frappé. Pierre le considéra un instant, puis, poussant un grand cri, il tomba évanoui en s'écriant :

— C'est lui !...

L'Australien, uniquement préoccupé de se débarrasser des importuns et de se frayer une route, ne s'aperçut pas de cet incident. Ayant avisé un fiacre, il lui fit signe d'approcher ; ayant installé sa femme dans le véhicule, il y monta à son tour, puis dit une adresse à mi-voix au cocher. Celui-ci s'éloigna de toute la vitesse de ses chevaux.

— Eh bien ! quoi donc, un vieux qui se trouve mal !...

— Parbleu ! vous poussez tant que vous avez failli l'étouffer...

— Pierre ! mon mari, Pierre, disait Véronique, qui avait entendu son cri.

— Ah ! c'est votre mari, ce vieux-là, ma bonne dame, oh ! ce ne sera rien, rassurez-vous, c'est une simple faiblesse ; tenez portons-le chez le pharmacien du coin, il reprendra bientôt l'usage de ses sens.

En effet, quelques gouttes de vinaigre et l'aspiration des sels rendirent bientôt Pierre à lui-même. Véronique, craignant toutefois qu'il ne fût pas assez fort pour regagner à pied leur domicile commun, s'imposa la dépense d'une voiture, où tous deux montèrent.

Pendant le trajet, Véronique ayant demandé à son mari à quelles causes il attribuait son évanouissement :

— Cet Australien est le portrait vivant du personnage qui, dans mon rêve, était Auguste, dit-il.

Une inexprimable angoisse s'empara de Véronique ; elle douta de la présence d'esprit de son mari. Il reprit bientôt :

— Tu n'as donc pas vu cet homme, toi ?

— Non, j'étais perdue dans la foule et tu m'as quittée si brusquement...

— Mon Dieu ! mon Dieu ! mais c'est presque un miracle que vous avez fait là en m'envoyant cette vision... Oh ! faites qu'elle ne soit pas seulement vraie à moitié !

En disant cela, Pierre levait au ciel et les yeux et les mains ; sa physionomie était empreinte d'un certain égarement.

Véronique fondit en larmes. Pierre la devina. Reprenant tout son sang-froid, il lui dit :

— Je devine ce qui t'émeut ainsi ; tu crains

que je ne sois devenu fou, il y a certes de quoi…
Mais il n'en est rien ; je suis calme, vois, et plus
calme même que ne le comporte l'espérance
enivrante dont je suis possédé… et cette espérance-là, tiens, je le vois à l'expression nouvelle
de ta physionomie, voici que tu commences à la
partager avec moi…

— Je ne puis m'en défendre.

— Écoute, Véronique, il ne faut pas rester
longtemps dans cette incertitude ; si cette ressemblance extraordinaire est un jeu du hasard
et non de la Providence, assurons-nous-en sur-
le-champ… Allons au chemin de fer, tâchons
de retrouver la trace de cet homme.

— Tu as raison, Pierre…

Ce jour-là et tous les jours suivants, pendant
toute une semaine enfin, les deux bons vieillards se livrèrent à d'actives recherches, mais en
vain : leurs démarches restèrent infructueuses.

Chaque soir, ils rentraient chez eux désespérés, quoique espérant toujours.

Le matin du huitième jour de leurs infructueuses démarches, au moment où, comme de
plus belle, ils allaient se remettre en course, on
frappe, ils ouvrent. C'est Hippolyte Durieu,
leur ancien commis, Hippolyte Durieu, chez
lequel ils se rendaient lorsqu'ils avaient suivi

au chemin de fer la foule curieuse de voir les Australiens, et qu'ils avaient complètement oublié depuis.

Hippolyte entra la figure joyeuse et rayonnante.

— Ah ça, dit-il, pourquoi donc ne vous ai-je plus revus?

— Le fait est, répondit Véronique, que notre conduite doit vous avoir paru bien étrange : après avoir reçu de vous cent francs d'avance, nous vous laissons huit jours sans vous donner de nos nouvelles; pardonnez-nous, monsieur Hippolyte; mais c'est que, voyez-vous, il nous est arrivé une telle aventure le jour même où nous nous rendions chez vous, que depuis cette époque nous sommes comme deux vieux insensés; tenez, nous allons tout vous dire, et peut-être pourrez-vous nous aider de vos conseils.

Ils lui racontèrent le rêve de Pierre, ainsi que leur aventure dans ses moindres détails, mais sans remarquer que leur auditeur attentif, tout en manifestant une extrême surprise, semblait préoccupé comme un homme qui relie entre eux des faits qu'il avait crus jusque-là sans rapports directs.

— C'est réellement un coup du ciel, dit-il, lorsqu'ils eurent achevé leur récit.

— N'est-il pas vrai, monsieur Hippolyte?... Mais cependant, n'est-ce pas que nous ne devrions pas attacher d'importance à tout cela, et qu'il est impossible que ce songe devienne une complète réalité?

— Et pourquoi cela? Moi, au contraire, j'ai une foi entière à tout ceci et ne serais nullement étonné que d'un moment à l'autre cet enfant, que vous croyez perdu, ne se représente à vos yeux... Peut-être cet Australien...

— Savez-vous quelque chose?...

— Moi! Non pas. Comment le pourrais-je?... Je veux seulement dire qu'il est bon d'être préparé à un événement qui, après tout, peut se réaliser...

— Nous nous sommes depuis si longtemps bercés de la douce pensée de retrouver un jour cet enfant qui nous est si cher, que l'émotion ne serait à craindre pour nous que dans le cas où notre espérance serait encore une fois déçue.

— Elle ne le sera pas...

Dans le ton et l'expression d'Hippolyte, il y avait quelque chose de tellement convaincu, qu'un observateur moins sagace que n'étaient Pierre et Véronique, aurait certainement deviné qu'il en savait plus long qu'il n'en voulait dire.

— Votre avis est donc, monsieur Hippolyte, que nous continuions nos recherches?

— Au contraire, cessez toutes démarches... Si elles ont été vaines jusqu'à ce jour, c'est que la Providence aime faire complètement les choses qu'elle entame... et ne veut pas que l'homme joigne son initiative à la sienne.

— Cependant...

— Tenez, laissons ce sujet, venez plutôt avec moi...

— Où cela?

— Parbleu! à l'atelier dont je vous ai annoncé que je voulais vous confier la direction.

— A l'atelier, dites-vous?...

— Ou plutôt à la tête d'une boutique, d'un magasin réel dont je veux vous confier la gestion.

— Merci de vos bontés, monsieur Hippolyte; mais, vraiment, nous ne sommes guère en état d'entrer en fonctions aujourd'hui.

— C'est pourtant aujourd'hui même et à l'instant que j'exige que vous me suiviez... Ne me refusez pas; d'ailleurs, les cent francs que je vous ai avancés me donnent le droit de disposer de vous.

— C'est vrai, répondirent ensemble le vieux couple Moulin; et ce *c'est vrai* fut prononcé avec une résignation machinale qui indiquait qu'il se passait quelque chose d'incompréhensible pour eux. Ils cherchaient à s'en rendre compte ; Hippolyte ne leur en donna pas le temps.

— Une voiture nous attend en bas. Venez donc... Oh! si vous saviez...

— Quoi ?

— Rien, fit l'ancien commis vivement et en se mordant les lèvres. Ne me questionnez pas davantage.

Quelques instants après, nos trois personnages montaient en fiacre. Seulement, la direction que prenait la voiture n'était pas celle de la demeure d'Hippolyte.

Pendant tout le trajet, mille pensées diverses assaillirent Pierre et Véronique ; pensées douces et joyeuses, sans doute, mais qu'ils avaient le regret de n'oser se communiquer. L'ancien commis se taisait et évitait de regarder en face les deux bons vieux.

XXIX

LA BOUTIQUE DU DISTILLATEUR.

L'adresse que l'Australien avait donnée au cocher du fiacre dans lequel il était monté avec sa femme était celle-ci :

Faubourg du Temple, n° 46.

Une demi-heure après, la voiture s'arrêtait ; l'Australien en descendait seul. Il regarda autour de lui, et vérifia s'il était bien en face du n° 46.

— C'est pourtant bien ici, dit-il ; mais tout cela est bien changé ! Et une vive contrariété se manifesta sur les traits du voyageur.

En effet, bien des changements s'étaient opérés dans la maison du n° 46. Au jour où nous écrivons, son rez-de-chaussée était occupé par une boutique de distillateur.

L'Australien sembla se consulter un moment

sur ce qu'il avait à faire. Sa résolution prise, il pénétra résolument dans le cabaret.

—Que faut-il servir à monsieur? lui demanda le maître de l'établissement.

— Un renseignement, dit le voyageur.

— Je ne tiens pas cet article.

— Je paierai ce qu'il faudra.

— C'est inutile, monsieur, je plaisantais; parlez, qu'y a-t-il pour votre service?

— Y a-t-il longtemps que vous êtes établi ici?

— Quatre ans bientôt.

— Et quel était le commerçant qui vous a précédé?

— Un tailleur.

— Un tailleur! vous en êtes sûr? N'était-ce pas plutôt un négociant en lingerie et nouveautés?

— Non, j'en suis certain. Attendez donc, cependant... cette boutique, en effet, a été affectée au commerce que vous dites; mais, si je me souviens bien, il doit y avoir de cela bien longtemps.

— L'enseigne était *A la Bonne foi*, et le nom des commerçants était Moulin.

— Oui, c'est bien cela. Sans doute, monsieur a été en relations d'affaires avec ces personnes?

— Sait-on ce que sont devenus les époux Moulin ?

— Pour ma part, je l'ignore ; mais, en consultant les voisins, peut-être y aura-t-il moyen de l'apprendre.

Séance tenante, l'Australien et l'obligeant distillateur se mirent en quête de renseignements chez les boutiquiers voisins. Mais tous n'habitaient le quartier que depuis peu de mois, et aucun d'eux n'avait entendu parler des prédécesseurs du tailleur.

— Je m'informerai ailleurs, dit laconiquement l'Australien, mais avec un accent chagrin. Il allait se retirer, lorsque, se ravisant, il demanda au distillateur la permission de visiter son premier étage.

— Soit, dit celui-ci ; je ne comprends pas votre désir, mais je ne veux pas vous refuser pour si peu. Suivez-moi.

La disposition de l'arrière-boutique et des deux chambres du premier étage était la même que jadis ; seulement, les papiers de tenture avaient été changés. Il ne restait rien des anciens ornements.

L'Australien, après avoir tout examiné avec une sorte d'intérêt à la fois curieux et enfantin, prit congé du distillateur, après l'avoir poliment remercié, puis remonta dans la voiture où l'attendait sa femme.

— Eh bien ? fit celle-ci.

— On ne sait pas ce qu'ils sont devenus.

— Où allons-nous maintenant, mon bourgeois ? demanda le cocher.

— Boulevard Montmartre, 17.

C'était là que Didier demeurait autrefois.

L'Australien demanda des renseignements sur l'ancien banquier au portier de la maison : il en obtint de complets et de circonstanciés. On lui apprit la ruine et la faillite de Didier, puis sa fuite. Depuis près de deux ans, on n'en avait plus entendu parler.

—Vous ne connaissiez pas un vieux monsieur et une vieille dame du nom de Moulin et venant parfois chez Didier.

— Non, je n'ai pas remarqué ; il avait tant de clients.

L'Australien donna cinq francs au portier et remonta en fiacre en se disant :

— Allons, il paraît qu'aujourd'hui je n'obtiendrai aucun indice.

— Où va-t-on, mon bourgeois ?

— A un hôtel quelconque.

— J'en connais un très-bon, mais un peu loin...

— Qu'importe, il faut nous y conduire.

Arrivés à l'hôtel, l'Australien prit le temps d'établir sa femme dans un bel appartement, puis remonta en voiture et se fit conduire immédiatement à la préfecture de police, dans le but de mettre sur-le-champ d'adroits agents à la recherche des anciens propriétaires du magasin de la *Bonne foi.*

Une heure après, l'Australien, rentré à l'hôtel, prenait l'air à la fenêtre du rez-de-chaussée, lorsque ses yeux s'arrêtèrent sur le visage du propriétaire d'un magasin de nouveautés, situé en face. Il lui sembla reconnaître cet homme ; son hésitation ne fut pas longue :

— *Hippolyte Durieu,* lut-il à haute voix sur l'enseigne du magasin, c'est bien cela.

— Vous m'appelez, monsieur? dit le négociant avec un engageant sourire et en s'approchant.

— C'est donc bien vous, Hippolyte?

— Je suis honoré d'être connu de monsieur ; mais je ne me rappelle pas de l'avoir jamais vu.

— Oh! c'est que je suis bien changé! je suis...

Le bruit d'une voiture qui passa empêcha la suite de la phrase de l'Australien de parvenir à d'autres oreilles qu'à celles d'Hippolyte.

— Quoi ! il serait possible, s'écria celui-ci ; oh ! mais venez, venez donc chez moi.

L'Australien se rendit en effet chez M. Hippolyte Durieu, qui le fit immédiatement entrer dans son cabinet, où ils causèrent fort longtemps.

En le quittant, l'Australien disait à M. Hippolyte Durieu :

— Vous devez les revoir bientôt, n'est-il pas vrai ?

— Aujourd'hui même, je croyais devoir compter sur leur visite... Je ne sais à quoi attribuer ce manque de parole.

— Attendez leur venue et ne leur dites rien ; cependant, si vous craigniez que tout ceci leur dût porter, par la surprise, un coup trop violent, préparez-les adroitement.

— Mais s'ils ne viennent pas ?...

— Eh bien, dès que tout sera prêt, il sera temps de les aller chercher.

— Et quand mettez-vous votre projet à exécution ?

— Dès ce soir même, et j'espère qu'en quelques jours la métamorphose sera opérée.

— Oh ! ce sera charmant ; si toutefois vous ne rencontrez pas d'obstacle.

— Avec de l'argent, on peut les lever tous... et j'en ai beaucoup... Au revoir.

— Au revoir.

Ils se séparèrent.

Le soir même de sa rencontre avec M. Hippolyte Durieu, l'Australien faisait une nouvelle visite au distillateur du faubourg du Temple.

— Ah! c'est vous, monsieur, dit celui-ci, le reconnaissant; est-ce encore pour des renseignements que vous venez me voir?

— Non, monsieur, non, merci; j'ai obtenu tous ceux que je voulais. Je viens vous acheter votre fonds.

— Vous ne me demandez pas si je veux le vendre.

— Je vous en donne le prix qu'il vous conviendra de fixer.

— Diable! c'est beaucoup vous engager d'avance; et si j'en demandais cinquante mille francs?...

— Ce serait un peu cher, mais cela ne m'effrayerait pas.

— En vérité?... Eh bien, rassurez-vous, je ne vous écorcherai pas; donnez-m'en dix mille et tout est à vous, tout absolument, même le comptoir et le mobilier.

— Voici les dix mille francs; vous emporterez tout, comptoir et mobilier.

— Comme vous voudrez... merci.

— Mais, dès demain, il faut déménager.

— Dès demain, diable ! et où irai-je?

— En face, il y a une boutique à louer.

— C'est, ma foi ! vrai. Eh bien, c'est dit.

— Allons chez le notaire le plus voisin faire dresser l'acte.

— Est-ce bien utile? Non, puisque c'est dondant donnant... Demain à midi, je vous livrerai boutique et logement, tous deux complètement vides, et vous, demain à midi, vous me verserez la somme.

Les choses furent ainsi arrêtées et exécutées.

Le lendemain à midi, la boutique était vide, les dix mille francs versés, et l'Australien faisait mander auprès de lui un entrepreneur de peinture en bâtiments, ainsi qu'un menuisier. Ces ouvriers s'engagèrent à remettre à neuf le rez-de-chaussée du n° 46 selon les indications exactes et précises qui leur furent données. Ils devaient avoir terminé leur travail une semaine après, jour pour jour.

Tout le temps que dura cette transformation, laquelle intrigua beaucoup et fit bien jaser les voisins, l'Australien passa la plus grande partie de son temps à activer et à surveiller les travaux; l'autre partie, il l'employa à faire des courses soit à la Préfecture de police, soit chez les divers commissaires du quartier où est situé le chemin de fer du Havre. Il recommanda aux agents et aux fonctionnaires de ne révéler à personne sa présence à Paris, s'il se faisait que par hasard quelqu'un s'en inquiétât et vînt prendre auprès d'eux des renseignements.

Ceci explique comment toutes les démarches de Pierre et de Véronique restèrent infructueuses; car, bien que Paris soit grand, la police y est si bien faite qu'il est impossible à quiconque d'y rester longtemps introuvable.

Bien des fois aussi l'Australien alla se cacher dans les encoignures de la rue où demeuraient Pierre et Véronique, et là, souvent il regardait passer les vieux époux Moulin allant à sa recherche, ou bien en revenant. Qu'il lui fallut d'empire sur lui-même pour ne point se décéler et pour ne pas se précipiter dans leurs bras!

La veille du dernier jour du délai fixé par l'Australien aux peintres et aux menuisiers, ceux-ci avaient tout terminé, et la boutique du distillateur était redevenue un magasin destiné à un tout autre commerce.

Le lendemain matin, l'Australien et Hippolyte présidaient ensemble au déballage de nombreuses marchandises destinées à garnir la nouvelle boutique, et plusieurs commis procédaient au placement immédiat des marchandises sur les rayons.

Quand ce fut fini, l'Australien dit à Hippolyte :

— Il est temps, allez les chercher...

Et Hippolyte prit un fiacre.

Un quart d'heure après, le bon garçon gravissait les six étages qui conduisaient au domicile des vieux époux Moulin ; il les trouvait sur le point de sortir ; il avait avec eux la conversation que nous avons rapportée à la fin du dernier chapitre, conversation à la suite de laquelle il usait d'une sorte de contrainte morale pour les emmener au magasin dont il avait résolu, disait-il, de leur confier la direction.

XXX

L'Australien, pendant l'absence d'Hippolyte, était monté au premier étage. De là il guettait, en soulevant les rideaux de l'une des fenêtres, le retour de la voiture.

Elle reparut enfin et s'arrêta devant la porte; le cocher ouvrit la portière. Hippolyte sauta à terre et présenta la main à Véronique, qui descendit ; Pierre suivit de près.

— Nous sommes donc arrivés?

— Oui.

— Mais, si je ne me trompe, c'est ici la rue du Faubourg-du-Temple?

— Eh ! sans doute.

— Mais le magasin où nous devons entrer?

— Est celui-ci.

Hippolyte désignait du doigt la boutique du n° 46 ; elle leur faisait face.

— Mais vois donc, Pierre !

— Regarde, Véronique !

Dirent ensemble les époux Moulin, avec une expression d'indicible surprise. Il y avait, en effet, de quoi être étonné de voir ce qu'ils voyaient.

Il semblait que depuis quinze ans le petit magasin n'avait subi aucun changement : c'étaient les mêmes peintures, la même décoration, le même nombre de carreaux ; il n'était pas jusqu'à l'étalage qui n'affectât la même disposition, et sur l'enseigne se voyaient, comme si elles y eussent toujours été, les *deux mains jointes,* entourées de cette inscription : *A la Bonne foi,* et le nom, oui, le nom de *Moulin* lu-imême se lisait, dans ces lettres maigres et carrées de jadis, au frontispice latéral.

C'était à tomber à la renverse. Pierre et Véronique furent obligés de se soutenir mutuellement ; Hippolyte dut, en outre, venir en aide à leur défaillance.

— Allons, allons, dit-il, tout en les entraînant vers la porte qu'il ouvrit, du calme, pas tant d'émotion, l'on va vous remarquer.

Ils entrèrent tous trois dans la boutique. Heureusement, deux sièges se trouvèrent à la portée de Pierre et de Véronique ; sans cela, il n'est pas certain qu'ils ne se fussent pas laissé choir tous deux.

— Mon Dieu! mon Dieu! qu'est-ce que tout cela veut dire?

— Tout ici est d'un aspect semblable à celui d'autrefois.

—Qu'y a-t-il d'extraordinaire? fit Hippolyte en souriant. Cela prouve que ceux qui vous ont succédé n'ont pas cru devoir rien changer à vos anciennes dispositions, et que moi qui ai fait à nouveau l'acquisition de ce fonds de commerce, je me suis contenté de faire repeindre le tout à neuf, mais de la même façon.

—Monsieur Hippolyte, il y a là-dessous autre chose qu'un simple hasard.

— Je me souviens bien, fit Pierre, qu'il y a quelques mois, en passant par ici, je remarquai que cette boutique n'était plus un magasin de nouveautés, Qu'était-ce donc, déjà?... eh! mais, un liquoriste, un distillateur; oui, comme celui d'en face... Rappelle-toi, Véronique, que je t'en parlai en rentrant, et que même tous les deux nous nous mîmes à pleurer sur les doux souvenirs qui s'éveillaient à ce propos en nous.

— Ah! je m'en souviens bien, dit Véronique avec un sourire.

— Eh bien! quand cela serait. reprit Hippolyte, ne puis-je avoir eu l'idée de faire remettre les choses en leur premier état?

— Mais dans quel but?

— Dans aucun.

— Et c'est aussi sans but, reprit Véronique, que vous avez choisi la même enseigne et que notre nom est tracé au-dessus de la porte?

— Puisque c'est vous qui gérerez le magasin.

— Écoutez, monsieur Hippolyte, n'espérez pas nous donner le change... Vous êtes bon, vous êtes charitable, vous êtes généreux, en un mot, nous le reconnaissons, tout ce qu'il est donné d'être à une nature d'élite... mais, voyez-vous, de telles précautions, de tels égards, de telles délicatesses, ce n'est pas un ami, un simple ami, si dévoué qu'il soit, qui peut en concevoir l'idée; d'ailleurs, venant de vous, mais tout cela, loin de nous réjouir, devrait nous attrister.

— Comment cela?

— Sans doute... nous retrouver ainsi au milieu de choses si semblables à celles qui jadis nous appartinrent, et penser à tout moment que nous ne sommes plus chez nous, ce serait un crève cœur continuel.

— Tu as raison, femme, continua Pierre, d'autant plus que je parierais...

— Quoi donc ?

— Que l'on ne s'est pas contenté de refaire le magasin pareil, mais que l'arrière-boutique, l'appartement du premier étage et les deux pièces, dont l'une était la chambre d'Auguste, offrent la même similitude.

— Oui, cela doit être, assurons-nous-en. Viens, Pierre.

Il ne se le fit pas répéter deux fois; il suivit Véronique, et pénétra avec elle dans l'arrière-boutique.

— Là ! vois-tu, que disais-je : table de noyer à pieds tournés, chaises foncées en crin noir !... Et là-haut, montons vite...

Ils montèrent ; Hippolyte les suivait sans plus rien dire, mais non sans que sa physionomie fût empreinte d'une certaine anxiété.

— Voici notre chambre, notre ameublement bleu, nos rideaux de mousseline unie, notre lit d'acajou avec son couvre-pied de tricot rouge et blanc ; tout est neuf, oui, mais tout a été choisi, à dessein, entièrement pareil à ce qui y était autrefois... jusqu'au tapis de la descente de lit, qui représente un bouquet de fleurs...

— Et la chambre d'Auguste ?

— Allons-y !

Au moment où ils entrèrent dans cette chambre, un rideau de toile perse, qui masquait l'entre-deux de la cheminée au mur, formant armoire ouverte, s'agita comme si quelqu'un venait de se cacher derrière, ce que ne remarquèrent ni Pierre ni Véronique.

Il ne fallut qu'un coup d'œil à Moulin et à sa femme pour s'assurer que là aussi, comme dans toute la maison, tout était d'une exactitude parfaite de reproduction. Ils échangèrent un regard et un geste rapides qui, à eux seuls, étaient plus éloquents que toutes les exclamations les plus véhémentes et les plus chaleureuses. Ils restèrent encore un moment sans trouver la force de parler, tant ils étaient émus.

Véronique, en sa qualité de femme, devait rompre le silence ; elle s'écria :

— Te rappelles-tu, Pierre, qu'ici nous fîmes avec *lui* cette partie de boule, le jour où, pour la première fois, il mit le pied dans notre maison ?...

— C'est auprès de ce lit, continua le bon vieux, que nous le veillâmes ensemble, lors de sa seule maladie ; il avait quatorze ans... t'en souviens-tu ?

— Si je m'en souviens... oh ! oui, et je me souviens aussi des pleurs que nous versions dans la crainte de le perdre.

— Crainte chimérique, car son indisposition n'était pas dangereuse.

— Il fut bientôt rétabli... Hein! fûmes-nous contents, le jour où il put se remettre à table et dîner avec nous! C'est là, contre son lit, que nous dressâmes nous-mêmes le couvert.

— Il y avait, au dessert, des oranges qu'il trouva fort bonnes et dont il redemanda.

— Mais nous dûmes refuser, cela lui aurait fait mal.

Les pleurs étaient peu à peu montés aux yeux des deux bons vieux, qui, les mains enlacées, la tête penchée sur l'épaule l'un de l'autre, sanglotaient de concert. Tout à coup un gros soupir, puis un sanglot, qui ne venaient pas d'eux se fit entendre.

Ils se redressèrent surpris et regardèrent Hippolyte. Celui-ci était ému sans doute, mais son visage ne reflétait pas une douleur grosse de soupirs et de sanglots. Non, ce n'était pas lui qui venait d'être l'écho de la douleur des époux Moulin.

Qui donc était-ce?

Ils se firent du regard cette question, puis tous deux s'écrièrent spontanément :

— Nous ne sommes pas seuls ici!...

— Non, certes, fit Hippolyte avec une feinte bonhomie, puisque je suis là...

—Il y a quelque chose de surnaturel ici, dit Pierre, serrant contre lui Véronique, qui s'était rapprochée.

Il ne faut pas oublier que nos héros ne sont pas jeunes; ce n'étaient pas des esprits forts, et pour dire vrai, ils avaient peur... peur de quoi? ils n'auraient pu le dire; mais ces émotions successives en si peu de temps, cette vie qui semblait ainsi revenir en arrière par l'entourage exact des objets du passé, tout en restant cependant dans le présent; tout cela mettait hors de sens les pauvres gens.

— Qui est là? qui est là? dit enfin Véronique d'une voix étouffée, et jetant des yeux hagards vers le coin masqué par le rideau.

— Oh! c'est pour en mourir; mais, vois donc, Véronique, le rideau remue là-bas!...

La figure de Pierre s'illumina tout à coup d'une joie ineffable.

— Qui donc est là?...

— Tu ne devines pas? dit-il.

— Non!

Et ce *non*-là signifiait certainement *oui*.

— Lui! ce doit être lui!...

— Auguste!

— Ah!

Pierre et Véronique tombèrent assis sur le

divan qui se trouvait justement faire face au rideau de perse.

Le rideau s'écarta vivement et livra passage à un quatrième personnage qui, d'un bond, vint tomber à genoux entre Pierre et Véronique.

C'était l'Australien !

Et l'Australien n'était autre que leur fils chéri, Auguste Millot...

Que d'embrassements ! que de douces larmes ! que d'étreintes s'échangèrent alors ! Hippolyte pleurait aussi.

— Te voilà, il suffit, dirent à Auguste les deux bons vieux, c'est bien toi, toi que nous avons tant pleuré... Ne nous dis rien aujourd'hui de ce qui a causé ton absence si longue et si silencieuse... Quelque grand malheur, sans doute?...

— Oui, un grand malheur, mais qui a eu pour conséquence un bonheur plus grand encore : je suis riche, fort riche, et vos jours seront désormais marqués au sceau de la félicité ; de plus, j'ai une femme, une compagne chérie.

— Tu nous la présenteras, ce sera notre fille ; puis la soirée prochaine sera consacrée au récit de tes aventures.

XXXI

L'ÎLE DU SALUT.

Le lendemain, Auguste racontait à ses parents ses aventures. Nous le laisserons parler.

Une indisposition subite de ma mère, dit-il, nous ayant empêchés de prendre passage sur le *Washington*, qui devait nous ramener de New-York en France, force nous fut de nous embarquer deux jours après sur un bâtiment marchand en destination pour le Havre. Nous ne nous chagrinâmes guère de ces quarante-huit heures perdues, car nous n'en prévoyions nullement les conséquences.

Les trois premiers jours de notre navigation furent heureux ; le temps était superbe, le bâtiment marchait bien, et tout présageait un voyage des plus heureux et des plus agréables.

Ma mère et moi nous passions le temps en doux entretiens, en projets d'avenir, en protestations de tendresse. Je racontais à ma mère les suprêmes bontés, les constantes sollicitudes dont j'avais, depuis mon enfance, été l'objet de la part de vous, ma chère seconde mère.

— Aussi, tu dois bien l'aimer, n'est-ce pas? disait-elle.

— Plus que je ne puis dire!

— Plus que moi, sans doute.

— Oh! non pas... autant que toi, ma mère, et c'est beaucoup.

— Je ne mérite pas cette affection; l'abandon où je t'ai laissé...

— Oh! ma mère, je t'en prie, ne parlons plus de cela; tu m'avais promis de ne plus revenir sur ce sujet, et tu manques sans cesse à ta promesse.

Ma mère voulut répliquer, mais je l'en empêchai en l'embrassant.

Bref, nous étions heureux, oubliant le passé, appréciant le présent et espérant en l'avenir.

Notre conversation roulait sans cesse sur les mêmes sujets; nous ne nous en lassions jamais, nous nous y livrions tout le jour, et le soir, tous les deux, assis sur le pont du navire, c'était notre plus doux passe-temps jusqu'à l'heure du coucher.

Sur le matin du quatrième jour de notre

embarquement, vers trois heures environ, nous fûmes subitement réveillés par un bruit inaccoutumé qui se faisait au-dessus de notre tête. Une agitation extrême régnait sur le *Triton*, on entendait les pas précipités des matelots exécutant les ordres que leur donnait à haute voix le capitaine. Que se passait-il ? Les secousses que subissait le navire nous l'apprirent bientôt ; le vent était d'une violence excessive ; une tempête terrible nous menaçait. En un instant, nous fûmes habillés et debout ; nous montâmes sur le pont.

La mer était houleuse et les flots moutonnaient ; des lames furibondes venaient avec fracas se briser contre les flancs du navire ; souvent elles inondaient le pont, renversant parfois quelques-uns des passagers tremblants et pâles d'effroi ; le ciel était couvert de nuages noirs, déchirés de temps à autre par de rouges éclairs auxquels succédaient immédiatement les roulements du tonnerre.

La tempête se calma enfin, mais pendant sa durée, notre bâtiment avait subi des avaries notables ; le grand mât, rompu, était tombé à la mer. Il nous fallait, disait le capitaine, gagner le plus prochain port pour faire faire au *Triton* des réparations indispensables.

— Prenez la latitude, ordonna-t-il à son lieutenant; orientons-nous sur-le-champ, et si nous
estimons être plus près de New-York que de
tout autre port de mer, retournons à New-York.

On s'aperçut alors qu'un accident, le plus
grave qui puisse arriver sur un navire, nous
avait privés de la boussole et de son appareil ;
sans doute ils avaient été enlevés avec beaucoup
d'autres objets par les coups de vent ou les
vagues.

Comment se guider, comment reconnaître
sa route, comment apprécier même approxima-
tivement le lieu où l'on se trouvait ? Pendant les
cinq heures que l'ouragan avait duré, le bâtiment avait été lancé pour ainsi dire à toute
volée, de ci de là, de droite de gauche ; il avait
dû faire un trajet immense ; peut-être se trou-
vait-on à cinquante lieues plus près de New-
York, peut-être en était-on à cent lieues plus
loin. Comment le savoir ?... Aucun moyen ! Il
fallait se laisser voguer à l'aventure !... Cette
triste conviction porta l'effroi parmi tous les
passagers ; ma mère et moi nous étions plongés
dans une torpeur extrême ; l'habitude du malheur portait surtout ma mère à accueillir les
plus sinistres pressentiments.

— Mon pauvre enfant, disait-elle, je suis

maudite pour mon passé, et Dieu veut m'en punir... Pourquoi faut-il, hélas! que tu sois venu à mon appel, et que tu partages mon malheureux destin?...

Je cherchai à la consoler de mon mieux, mais j'avais moi-même de sombres appréhensions; elles se réalisèrent.

Plusieurs jours s'étaient écoulés depuis la tempête, et le capitaine n'avait pu parvenir à reconnaître dans quelle direction nous étions. On ne découvrait rien à l'horizon; on ne voyait que le ciel et l'eau, le ciel souvent brumeux, la mer toujours houleuse; pas la moindre rencontre d'un de ces oiseaux de mer annonçant le voisinage d'une terre quelconque. Nos provisions de vivres commençaient à s'épuiser... Que cette situation durât encore une semaine, et tous ceux qui étaient sur le *Triton* devaient mourir de faim...

Ce n'était cependant pas de cette façon que devait se produire la catastrophe. Une nouvelle tempête, plus violente encore que la première, assaillit le navire; tout le monde se crut perdu, et le fut en effet, car tout à coup un craquement épouvantable se fit entendre, dont l'écho fut un cri de détresse indicible poussé par tous les passagers et par tout l'équipage: le navire venait

de toucher sur des écueils et était au plus fort
endommagé! L'eau pénétra aussitôt de toutes
parts; on fit jouer les pompes, tout le monde s'y
mit, mais en vain, aucun effort humain ne put
conjurer notre ruine...

— Nous sommes perdus! cria le capitaine.

Alors ce fut un spectacle effrayant : les matelots, désespérés et ayant perdu tout courage,
s'étaient jetés à genoux et recommandaient leur
âme à Dieu... les passagers, comme des insensés, allaient et venaient sur l'espace resté libre,
pleurant, criant et sanglotant. Quant à ma mère
et moi, nous nous tenions étroitement embras-
sés. Ma mère, à moitié folle de terreur, disait :

— Pardonne-moi, mon fils, pardonne-moi,
pour que Dieu me pardonne!...

Je ne lui répondais que par des caresses.

L'eau montait toujours, et le navire s'enfon-
çait visiblement peu à peu... ce qui avait empêché qu'il ne fût déjà submergé, c'était le violent
ballotage auquel le soumettaient encore les vagues furieuses.

Enfin vint le moment suprême. Le vaisseau
toucha de nouveau avec un craquement formidable; le *Triton* s'ouvrit pour ainsi dire sous ce
choc d'un bout à l'autre; les courants opposés,
parmi lesquels il se trouvait, l'entraînèrent dans

leur tourbillon ; il tourna quelque temps sur lui-même, puis pencha sur le côté, trempa son bastingage dans la mer ; une lame alors s'éleva de plus de vingt pieds au-dessus de lui, retomba d'aplomb et tout disparut...

— Tout !...

Le lendemain de cet affreux sinistre, sur le sable fin de la plage d'une petite baie environnée de rochers arides, deux corps inanimés, presque nus, étaient couchés l'un près de l'autre,—celui d'un homme et celui d'une femme.

Ces deux corps, c'étaient ma mère et moi...

Ma mère avait une horrible blessure à la tempe, sans doute elle n'avait pas souffert, car la mort avait dû être instantanée.

Pour moi, je n'étais pour ainsi dire qu'une plaie des pieds à la tête ; j'avais le crâne ouvert de l'oreille droite au sourcil gauche.

J'ai su depuis, comme vous pensez, tous ces détails par ceux qui m'ont recueilli, parmi lesquels surtout je dois distinguer une femme, un ange... mais n'anticipons pas.

La plage sur laquelle nous avions été jetés était une île habitée. Une jeune sauvage, assez jolie et la figure un peu cuivrée, qui avait presque le type européen, et qui se promenait sur le bord de la mer, m'aperçut dans ce misérable état.

Elle nous regarde d'abord avec effroi, puis avec curiosité ; la blancheur de notre carnation et les lambeaux de nos vêtements l'étonnent ; elle n'a jamais rien vu de pareil... A la stupéfaction succède bientôt une vive commisération ; elle se baisse vers ma mère d'abord et acquiert la certitude qu'elle a cessé de vivre ; elle s'approche ensuite de moi. Elle examine ma blessure de la tête, elle porte la main sur mon cœur, elle croit sentir que la vie ne m'a pas complètement abandonné ; alors elle me traîne jusqu'au pied d'une roche voisine, du creux de laquelle s'échappe une source d'eau douce, et se met à laver mes blessures. La fraîcheur de l'eau me ravive, je fais un mouvement presque imperceptible qu'elle saisit au passage...

La jeune sauvage, ivre de joie, se met à crier ; elle appelle à l'aide dans sa langue.

Deux jeunes gens et un vieillard, vêtus seulement, comme elle-même, d'une sorte de pagne attaché à la ceinture, accoururent aussitôt. J'ai su depuis que c'étaient ses frères et son père ; elle leur fit comprendre comment et où elle m'avait trouvé et leur désigna le corps de ma mère. Ils eurent bientôt pris un parti. Je me souviens confusément que le vieillard et la jeune fille me transportèrent à leur hutte ; les deux jeunes

gens, bien que tout espoir fût perdu, se char-
gèrent de ma mère.

Grâces à la vertu de certaines plantes dont
ceux qui m'avaient recueilli pansèrent mes blessures, je revins complètement à moi. Mon premier mot fut :

— Ma mère !

La jeune fille et le vieillard ne comprirent pas
mon exclamation, mais ils en devinèrent le sens
à son expression douloureuse, car ils me mon-
trèrent tristement, par la porte restée ouverte,
les deux jeunes hommes en train d'enterrer un
cadavre.

Avec une force dont je ne me serais pas cru
capable, je me dressai sur mon séant, et, en ten-
dant les bras dans la direction de la porte, j'ex-
primai par signes le souhait d'être porté près de
la fosse ; on obtempéra aussitôt à mon désir. Je
reconnus ma pauvre mère, et je me convainquis
qu'elle ne pouvait plus être rendue au monde ;
je m'agenouillai pour prier, mais j'étais à bout
de forces, et je m'évanouis de nouveau...

Huit jours après, les soins intelligents qui me
furent prodigués me rendirent tout à fait à la
santé ; seulement, il était probable que je porte-
rais éternellement la trace de la blessure que
j'avais reçue dans mon naufrage, je ne saurais

dire comment; c'est celle qui sillonne mon front aujourd'hui.

Je m'occupai dès lors de savoir en quel lieu du monde j'étais. Je ne pus y réussir. La population qui m'entourait, et qui était relativement assez considérable, semblait tout à fait primitive : elle n'avait jamais eu de relations avec les peuples du continent. Ces sauvages avaient cependant une sorte de civilisation ; ils avaient un chef ; ils pratiquaient un culte ; leurs mœurs étaient douces ; ils cultivaient la terre et vivaient de ses produits ; ils tissaient une espèce de lin dont ils fabriquaient leurs vêtements, peu compliqués, du reste.

J'eus la conviction que j'avais abordé dans une île probablement non encore découverte, une île qui était peut-être tellement éloignée d'un continent quelconque qu'elle resterait encore fort longtemps inconnue.

— A la grâce de Dieu ! me disais-je ; s'il n'a pas permis que je mourusse, sans doute il me fera revoir aussi la France !... Que sa sainte volonté s'accomplisse ! Patience et courage. Vivons de la vie simple et laborieuse de ce peuple ; tâchons, avec mes lumières d'Européen, de lui indiquer les moyens d'améliorer son sort et de mieux profiter des avantages que lui offre la riche nature dont il est entouré. Faisons-nous comprendre au plutôt des frères au milieu desquels Dieu m'a jeté; d'abord, tâchons de les comprendre nous-même.

Je fis ce que je pus pour atteindre ce but.

Deux faits seulement parmi tous ceux qui se produisirent, pendant les longues années que je restai sur l'île, sont nécessaires à signaler.

Le premier, c'est la reconnaissance que m'inspira ma jeune libératrice; cette reconnaissance bientôt devint de l'amitié, puis de l'amour; la jeune fille partagea ces sentiments, et, selon les rites du pays, nous devînmes mari et femme.

A dater de mon union avec Oréa, c'est le doux nom de ma libératrice, mon existence fut aussi heureuse que possible dans ce petit coin du monde. Oréa m'enseigna son idiôme, et je parvins de mon côté à lui apprendre le français. Je l'entretins souvent des mœurs de mon pays et lui inspirai le désir de pouvoir un jour m'y accompagner.

Le second fait fut la découverte que je fis. J'avais remarqué que la terre dont les insulaires se servaient pour confectionner certaines jarres était brillantée de pépites semblables à des pépites d'or. Était-ce de l'or? En effet, je parvins promptement à en acquérir la conviction.

Je me mis dès lors à la recherche de la mine d'où provenait cette terre ; cela ne me fut pas difficile. Ce qui le fut plus, ce fut d'amasser peu à peu, petit à petit, pour ne pas éveiller de soupçon, un trésor qui resterait inutile, si je devais finir ma vie sur le sol d'où je le tirais, mais qui m'assurerait une brillante fortune, si je revenais un jour en France, ainsi que j'en nourrissais le désir.

C'est ce qui arriva ; voici comment :

Ma mère avait été enterrée près du rivage, à quelques cents pas de la plage où son corps et le mien avaient été jetés ; j'avais érigé, à ma mère, une tombe chrétienne, surmontée d'une croix façonnée de mes mains. Sur cette tombe et au pied de cette croix, je venais prier tous les jours.

Un jour, qu'après bien de longues années d'attente je me relevais de dessus le tertre funéraire, je portai les yeux vers la mer, j'aperçus, ô bonheur ! une voile au lointain.

C'était un vaisseau, mais ce vaisseau ne semblait pas se diriger vers l'île, il s'en éloignait au contraire...

J'appelai à la hâte quelques-uns de mes nouveaux compatriotes ; des signaux furent dressés et agités par nous tout le long de la côte. On y répondit enfin du navire ; il diminua sa marche, bientôt je pus voir qu'il mettait une chaloupe à la mer. Quelques heures après, le lieutenant et quelques matelots abordaient dans l'île.

C'était un navire français ; le capitaine planta le drapeau national sur le sommet de la plus haute falaise et prit, au nom de son gouvernement, possession de sa découverte, qu'il baptisa l'*île du Salut,* en mémoire de ce qui m'était arrivé.

Deux jours après, ma femme et moi nous nous embarquions pour la France. A la première relâche, nous fîmes confirmer et sanctifier notre union par la religion chrétienne, qui, de cœur, était devenue depuis longtemps la religion d'Oréa.

Il va sans dire que j'emportai mon trésor. C'était bien réellement de l'or...

L'île du Salut, à ce que j'ai appris depuis, est située dans l'océan Australien, et, comme beaucoup d'autres îles de cette partie du monde, est très-riche en minerai aurifère.

A peine arrivé au Havre, je me suis dirigé sur Paris avec ma chère femme, aussi impatiente de vous connaître que moi de vous revoir, après tant d'années de séparation. Vous savez ou devinez le reste. Tout à l'heure Oréa sera ici.

XXXII

CONCLUSION.

Deux mois environ après le retour d'Auguste à Paris, Didier et Lucien Beaumont revinrent aussi de New-York.

Les Thomson, qui devaient une forte somme à Didier, et qui étaient bien en effet les négociants dont Pierre Moulin avait lu le nom dans un journal, comme concessionnaires d'une ligne de chemin de fer aux États-Unis, avaient fini par payer. Avec ces vingt mille dollars, Didier désintéressa ses créanciers à tant du cent, obtint un concordat, puis reprit les affaires. Comme il arrive toujours, en pareil cas, la majeure partie des valeurs, que le banquier supposait perdues, se retrouvèrent, et il put se libérer entièrement.

Didier, plus tard, se retira avec quelque chose comme six mille livres de rente ; Lucien, redevenu tout à fait bon sujet, eut un emploi dans une administration de chemin de fer et ne tarda pas à faire un mariage avantageux.

Pierre et Véronique, trop vieux pour se remettre à un commerce actif, cédèrent à Hippolyte l'établissement remonté par Auguste, ce qui n'empêcha pas leur ancien commis de garder son autre magasin.

Le jour où s'opéra cette cession, un événement arriva dans le faubourg du Temple.

Vers les deux heures de l'après-midi, une chaise de poste entrait à Paris et descendait au grand galop la rue du Faubourg-du-Temple ; cette chaise de poste avait une forme des plus antiques et des plus massives ; sa confection devait remonter à quelque quarante années.

Lorsque cette voiture fut arrivée presque à moitié de la rue, les deux chiens boule-dogues d'un boucher voisin s'élancèrent en aboyant avec furie au-devant des deux chevaux, qui s'effrayèrent, se cabrèrent et cabriolèrent sans qu'il fût possible au cocher de les retenir, et tournèrent à gauche au lieu de courir tout droit devant eux, semblant avoir la prétention de pénétrer dans le magasin de la *Bonne foi*. Le trottoir étant très-haut en cet endroit, les roues heurtèrent le bord à plusieurs reprises sans toutefois le gravir ; le dernier choc fut si violent, que la vieille voiture fit un mouvement de côté, et tomba sur le flanc droit entraînant les deux chevaux dans sa chute.

Le cocher fut lancé à quelques pas, mais se releva sans aucune lésion grave.

Pierre, Véronique, Didier, Lucien, Hippolyte et Auguste, qui se trouvaient en ce moment dans le magasin, attirés par le bruit, sortirent de chez eux. Ils s'approchèrent de la voiture pour porter secours à ceux qui s'y trouvaient, car elle était occupée par des personnes qui poussaient d'horribles cris d'effroi.

On essaya d'abord de remettre le véhicule sur ses roues, mais il était trop lourd ; on dut y renoncer, du moins avant d'en avoir fait sortir ses habitants.

Ils étaient deux : un homme et une femme ; le premier, en bas et en culotte courte, se tenait la tête en criant :

— Aïe ! mes cheveux ! holà ! ma perruque ! holà ! la baleine de mon corset me blesse !

La femme criait aussi haut, de son côté.

— Voyons, tenez-vous donc tranquilles, si vous voulez qu'on vous tire de là, leur disait-on.

Ils s'y décidèrent enfin, non sans peine. On tira d'abord la femme dehors. C'était une grande gaillarde d'au moins cinq pieds, haute en couleurs et taillée en hercule femelle.

Elle ne permit pas qu'une autre qu'elle se chargeât de son partner ; elle le saisit dans ses bras vigoureux et l'enleva comme une plume, tant il était petit et ratatiné.

Pierre et Véronique engagèrent la grande gaillarde à porter cet homme, qui avait la figure tournée contre elle de sorte qu'on ne le pouvait pas reconnaître, dans la boutique; ce qu'elle fit, en effet.

Lorsqu'elle l'eût placé sur une chaise, on put voir sa figure. C'était un individu de quelque quatre-vingt-quinze ans; sa figure était un véritable parchemin tout jaune et tout ridé; son crâne, qui était nu, car en se débattant, il avait perdu sa perruque, son crâne avait l'aspect d'une vieille boule d'ivoire; ses bras étaient des fuseaux, et ses jambes, des allumettes.

— Le vicomte de Croquenbouche! s'écrièrent en éclatant de rire tous ceux des assistants qui le virent et le reconnurent.

— Vous me connaissez?

— Eh! sans doute... C'est ici, dit Pierre, que vous perdîtes un jour votre perruque, laquelle fut suspendue en manière de lustre au milieu du plafond.

— C'est moi à qui vous faisiez la cour, ajouta Véronique.

— C'est moi, continua Didier, dont vous cherchâtes à séduire la femme.

— Quoi! vous n'êtes pas mort, mais vous devez être centenaire!...

— Ah! séducteur, ah! Lovelace, ah! brigand, s'écria la grande femme en secouant le vicomte, dont la figure exprimait une vexation sans pareille.

— Mais, bobonne; mais, bibiche, ce n'était pas de ton temps.

— Quoi! encore une maîtresse, à votre âge. Ah! c'est par trop fort.

Et les rires éclatèrent de nouveau de plus belle.

Le vicomte n'y résista pas; il se leva et sortit aussi vite qu'il put. Sa gouvernante le suivit.

Nouveaux rires et nouvelles huées des passants; il échappa enfin aux sarcasmes et aux quolibets en remontant dans sa voiture, que l'on était parvenu à relever, et qui ne tarda pas à s'éloigner au grand galop.

Ces deux cœurs d'or, Pierre et Véronique Moulin, avaient retrouvé le calme et le bonheur parfait dont ils étaient dignes, et que Dieu se devait à lui-même de leur rendre pour leur faire une heureuse vieillesse, qui se termina par une douce mort.

FIN.

CONDITIONS.

Les souscripteurs reçoivent, *franco*, tous les 15 jours, un charmant volume in-18, format anglais, beau caractère, beau papier, et contenant la matière d'un volume ordinaire.

Pour ceux qui souscrivent, chaque volume ne coûte que *soixante-quinze centimes* *.

On ne souscrit que pour une série de 12 vol.

On paie fr. 4-50 à la réception du 1er volume et fr. 4-50 à la réception du 7e volume.

Les ouvrages séparés se vendent *un franc* le volume.

Un volume abîmé ou égaré est remplacé au prix de fr. 1-25.

On souscrit dans toutes les maisons de librairie *de la Belgique et de l'étranger*.

Toutes les réclamations, avis, etc., doivent être adressés *franco* à l'éditeur.

---

* Pour l'étranger, le prix varie en raison des distances et des traités internationaux.

OUVRAGES PARUS :

UN MIRAGE, par E. Ziehen, suivi de **UNE VENGEANCE POSTHUME,** 1 vol.

FRANÇOIS Ier ET ODETTE DE FOLLEMBRAY (1518-1523), par A. Tavernier, 3 vol.

MÉMOIRES D'UN VIEUX MÉNAGE PARISIEN, par R. Herbaut, 4 vol.